ぴょこたんの
なぞなぞめいろブック

このみ・プラニング

すすめ！ふしぎワールド

やっほ〜!
ぼく、ぴょこたん

だれよりも
なぞなぞが大《だい》すきな
ウサギの男《おとこ》の子《こ》なんだ〜。
これから
ぼくといっしょに、
なぞなぞや、めいろや
いろんなゲームをしながら、
ぼうけんにでかけようよ！

あ！
どうしても
わからないときは、
本《ほん》のうしろのほうにある
答《こた》えのページを見《み》ていいよ。
楽《たの》しくいこう！
では、さっそく…
ためしに
やってみよう
もんだい！
おべんとうや
おやつを入《い》れて、
おんぶされるもの、
なーに？
れんしゅうだから
ヒントをあげるね
①リュックサック
②ランドセル
③つぼ

もう わかったよね! かんたん☆ かんたん☆
答《こた》えは①のリュックサック!
ほかには、こーんなめいろも でてくるよ。どんどんクリアーして 進《すす》もうぜ
スタート
ゴール
よっと!
あれ? なにかにぎやかな声《こえ》が聞《き》こえてきたよ。つぎのページへ GO《ゴー》GO《ゴー》!

きたきた！ みんな ぼくの 友《とも》だちだよ〜
絵《え》の中《なか》に なぞなぞの 答《こた》えが あるんだ。 見《み》つけてね！
1 ベルを5回《かい》 「リン」と 鳴《な》らして 食《た》べるもの、なーに？
2 すぐに 家《いえ》に もどりたがる 生《い》きものは、 なーに？

3
ころんで
ばかりいる
丸《まる》い虫《むし》は、
なーに？
もんきち
4
「もう！」
と、
もんくばかり
いっているどうぶつ、
なーに？
ゴリすけ
ミミレ

ぼく、なぞなぞいっぱいだしたい!
いいよ!
カメたん
5
まわりと同《おな》じ色《いろ》にへんしんする、にんじゃみたいな「カメ」って、なーに?
6
なんでもうつせる「カメ」って、なーに?
大《だい》サービスのヒント。答《こた》えには、ぜんぶ、「カメ」が入《はい》るよぉ

7

おみそしるの中《なか》に
すんでいる
「カメ」って、
なーに？

8

まん中《なか》に
「モ」が入《はい》った
鳥《とり》って、
なーに？

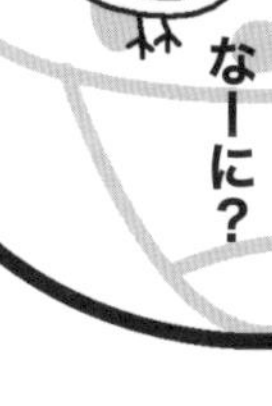

9

顔《かお》にくっつく
「かめ」って、
なーに？

海《うみ》ワールドへ つれてって

★★★★★

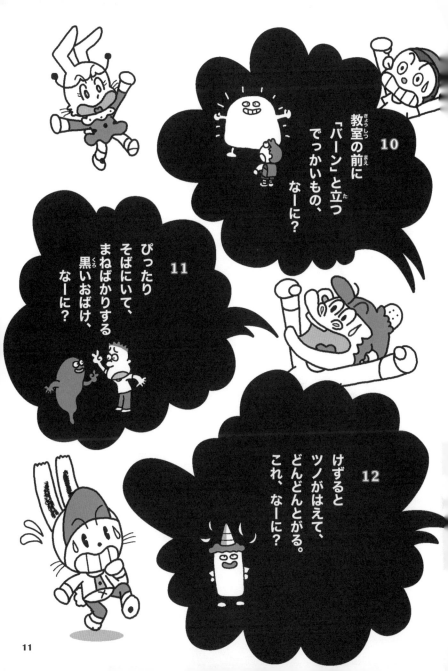

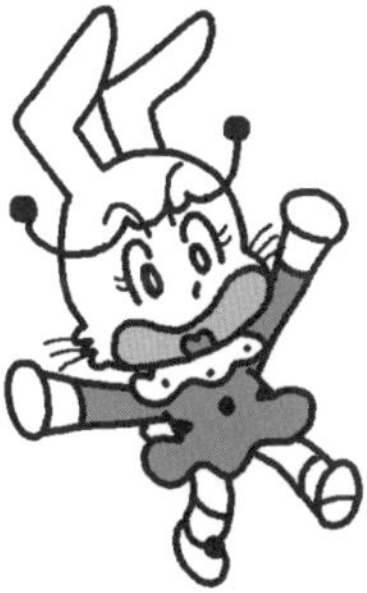

10

教室《きょうしつ》の前《まえ》に
「バーン」と立《た》つ
でっかいもの、
なーに？

11

ぴったり
そばにいて、
まねばかりする
黒《くろ》いおばけ、
なーに？

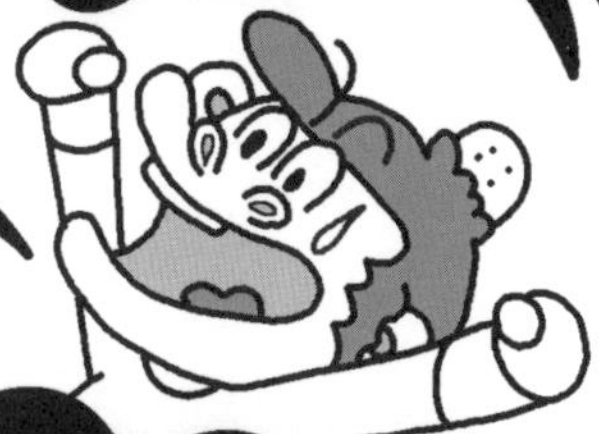

12

けずると
ツノがはえて、
どんどんとがる。
これ、なーに？

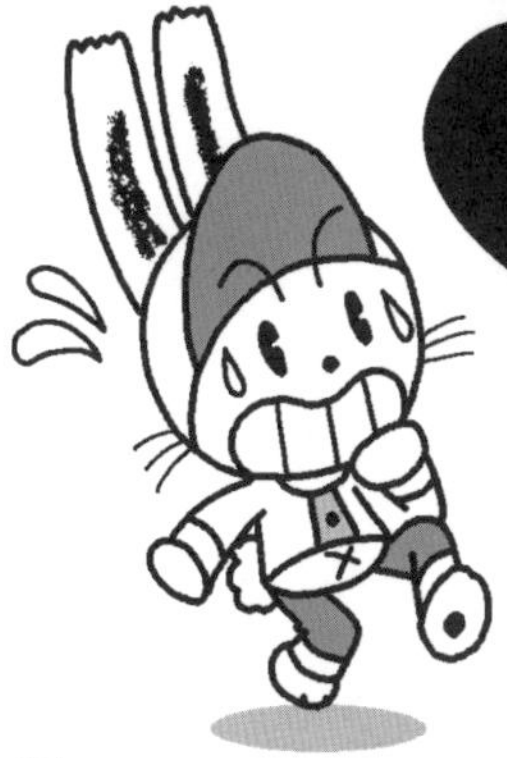

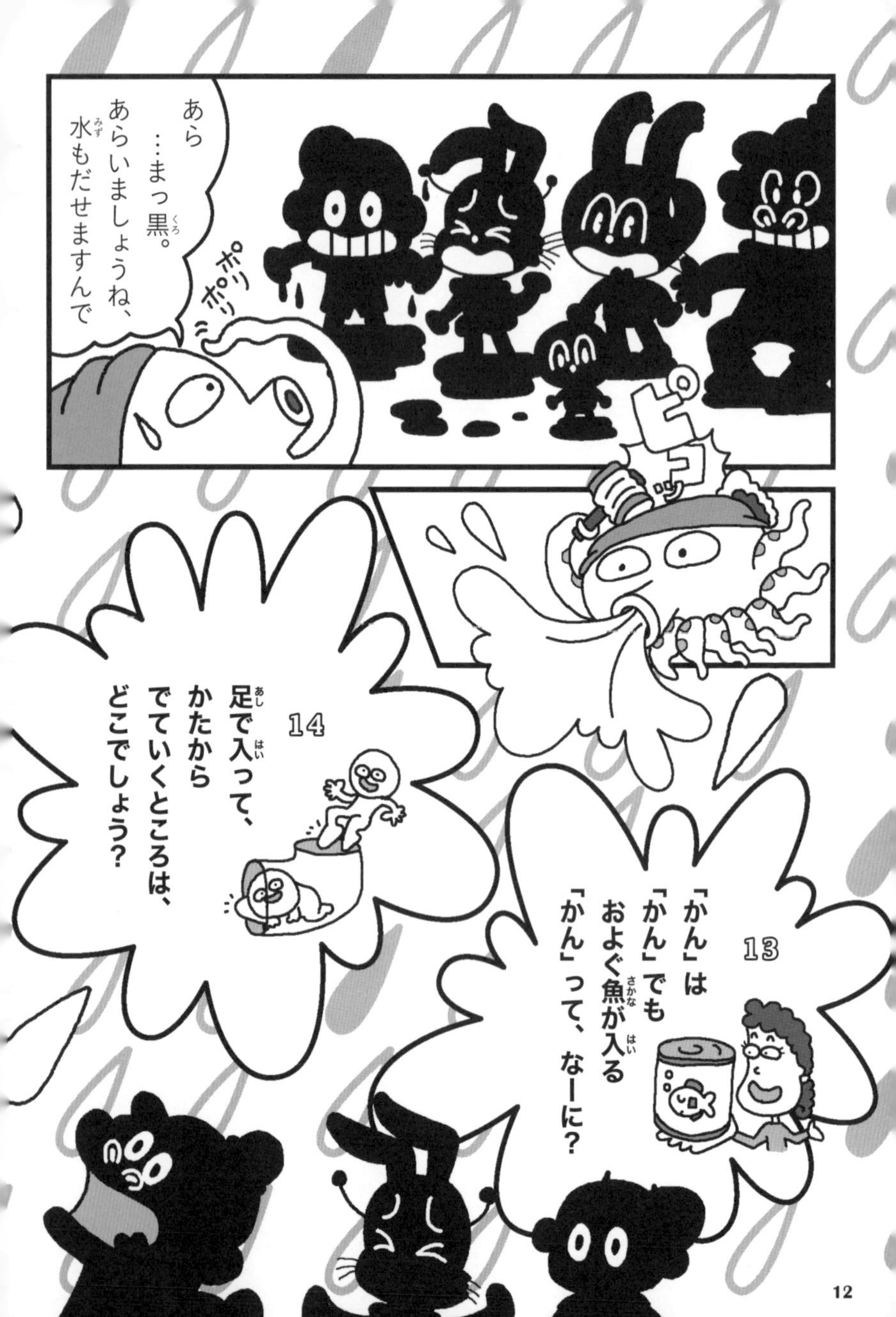
あら
…まっ黒《くろ》。
あらいましょうね、
水《みず》もだせますんで
ポリポリ
ピコ
13
「かん」は「かん」でもおよぐ魚《さかな》が入《はい》る「かん」って、なーに？
14
足《あし》で入《はい》って、かたからでていくところは、どこでしょう？

15

「きた」の、はんたいがわから
おちてくるもの、
なーに？

16

海《うみ》を
見《み》ないようにしたら
見《み》えてくる
水《みず》のばしょは、
なーに？

17

せかいで
一番《いちばん》、
水《みず》と魚《さかな》が
たくさん
あるところ、
どーこだ？

18

空《そら》からおちてくる、
なんとな〜く
あまそうな
名前《なまえ》のもの、
なーに？

雨《あめ》のめいろだ。
これでみんな、
すみがおちるね
スタート

やったー
ゴール

いやいや、しつれいしましたです。
みなさん、きれいになりましたねえ。
そんでは、なぞなぞ
つづけていいですか？
いろんなもんだいが、入《はい》ってますですよ
ピコッ
19
えんぴつや
けしゴムが
ねている家《いえ》は、
なーに？

20
「ボール」と
いわれるけど、
四角《しかく》いはこ。
これ、なーに？
21
入《い》れものなのに、
だしてばっかり
みたいな
名前《なまえ》のもの、なーに？
22
頭《あたま》の入口《いりぐち》から、
水《みず》や花《はな》をのみこむもの、
なーに？

お！こっちでは、こんどはミニミニのタコたちがめいろを作《つく》ってる。すきまを見《み》つけて、するする〜っといってみよう！
スタート

ゴール

あれれ？
ピコピコタコさん、
見《み》うしなっちゃった。
ここにはいないなぁ。
かわりに、
左《ひだり》のタコたちを
さがしてみよう！
広《ひろ》っ！
えーっ？この町《まち》の中《なか》にあの６ぴき、いるかなあ？
さ、すみずみまでさがすわよ

23

へやの中《なか》でクルクル回《まわ》る
小《ちい》さなせかいって、
なーに？

24

ろうかを
走《はし》ってから、
ものをたおすゲーム。
これ、なーに？

25

ぼうで
たたいて、
あなにおとすスポーツ。
これ、なーに？

26

紙《かみ》の上《うえ》で、
おどりながら
まん丸《まる》を
書《か》くもの、
なーに？

27

えいがが
いっぱい
つまった、
ぎん色《いろ》の
円《えん》ばんは、
なーに？

28

バスや電車《でんしゃ》の中《なか》で
ブラブラゆれるもの、
なーに？

29

月《つき》に一度《いちど》、
夜空《よぞら》にあらわれる
黄色《きいろ》いボールは、なーに？

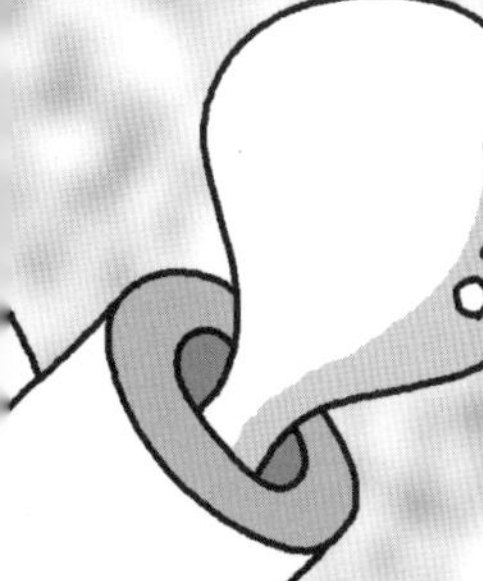

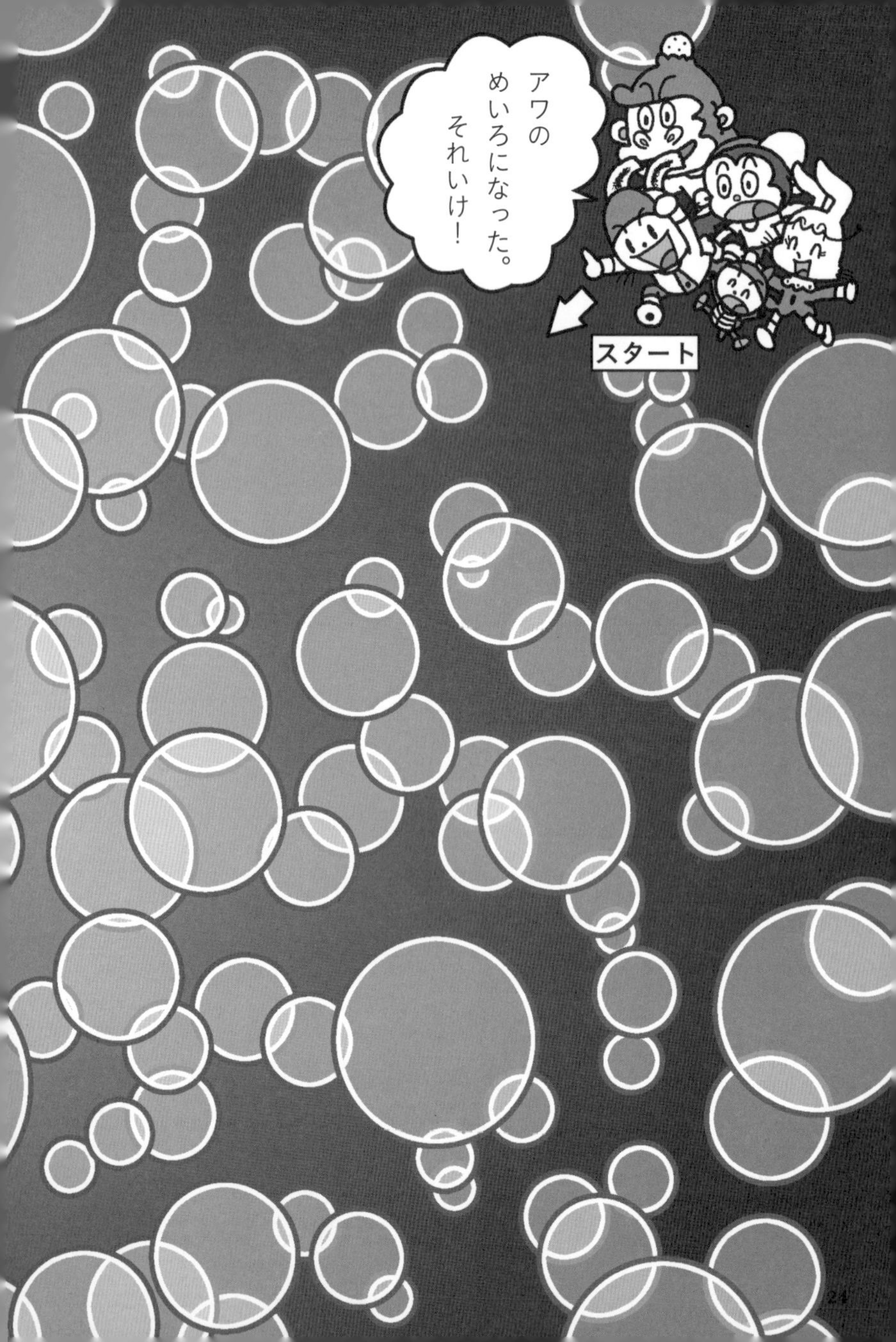
アワの
めいろになった。
それいけ！
スタート

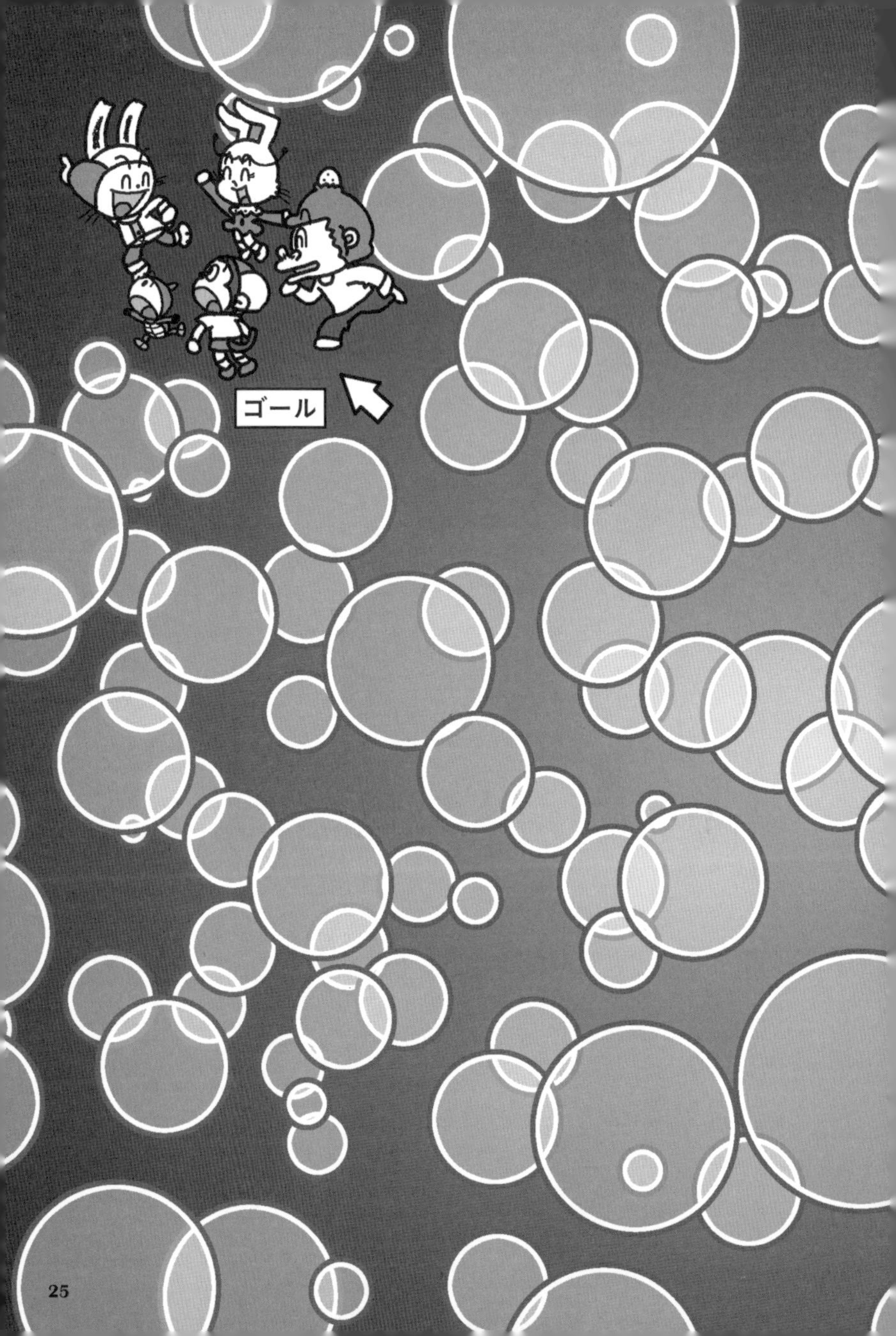
ゴール

30

はたけにすむ、丸《まる》くて しましまの 「イカ」って、なーに？

31

車《くるま》の中《なか》で、回《まわ》しているのに 切《き》っていると いわれるのは、なーに？

32

音《おと》もたてずに 海《うみ》にしずむ、赤《あか》くて でっかいもの、なーに？

ピコッ！
うわっ！
ぶっしゅ――！！！
おきておきて！
こんどはぼくが、
なぞなぞを
だす番《ばん》でしょ。
いっくよーー！

それーっ！
ねぼけた頭《あたま》で
わかるかな？
答《こた》えてみろ～
33
サンタが
つかう、
出口《でぐち》のない
トンネル、
なーに？
34
頭《あたま》の上《うえ》で
「ボン」という
チョウチョって、
なーに？
ボン
35
家《いえ》の
ろうかに
2つならんで、
大《おお》きな口《くち》を
あけているもの、
なーに？

36

入口《いりぐち》1つ
出口《でぐち》は3つの
毛糸《けいと》、なーに？

37

頭《あたま》から風《かぜ》に
とばされると、
口《くち》をあける
「うし」って、
なーに？

38

足《あし》を「ズボ」っと
入《い》れるもの、
なーに？

それーっ！
オレのすきな
〝絵《え》ときもんだい〟を
やってみな〜！
ヒントがあるから、
やさしすぎるか？
39
かぐやひめも
あそんだかもなぁ…
40
ムムッ？　なにに
毛《け》が、はえている？

チャー
41 「チャー」が
半分《はんぶん》になってると…
やま
42
たいへん
にげなくちゃ
43
マッチが、なにか
文字《もじ》を作《つく》っているね

ほし
44
夜空《よぞら》をとんでいく～
見《み》つけられるかな？
45
かとりせんこうの
形《かたち》だね
うず
46
これなら安心《あんしん》
虫《むし》も入《はい》ってこないよ
まだまだ～っ

47
ーくし
の
は
ーバナ
だす
!
ピコッ!
絵《え》ときがえし!

海《うみ》ワールドに
めいろの町《まち》が
ありますですよ！
いってらっしゃい
スタート

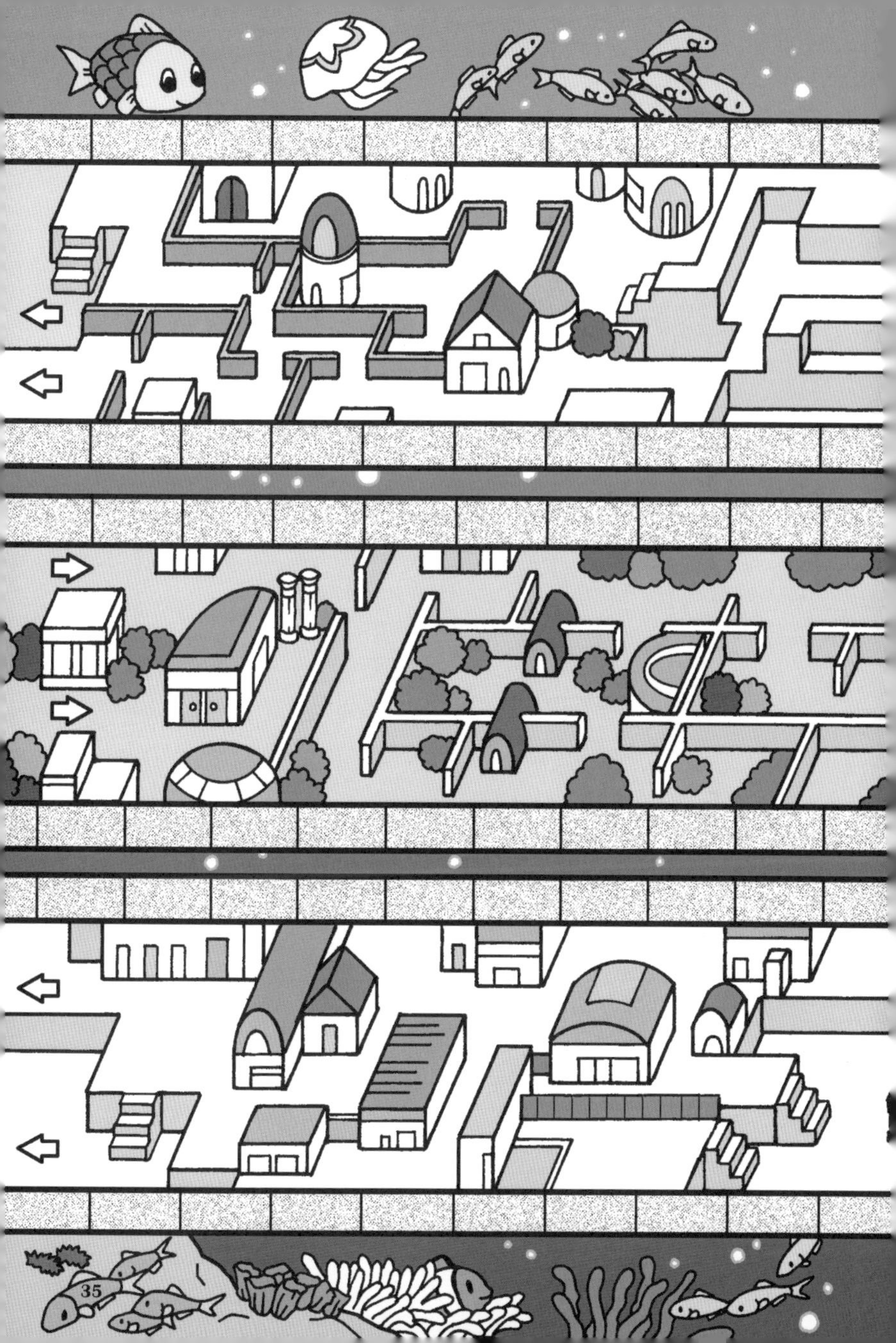

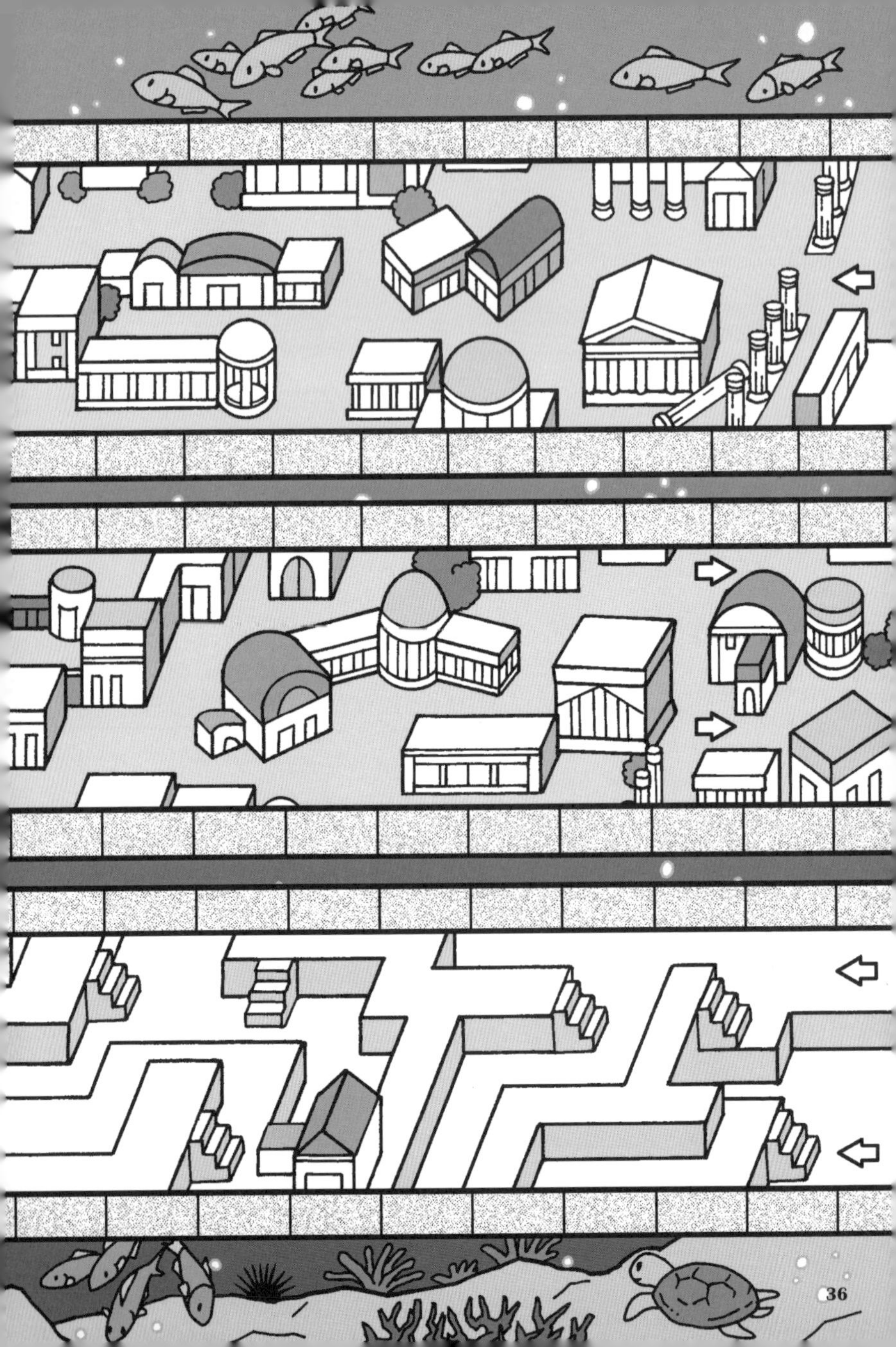

よしっ クリアー したよ
ゴール

つぎは、絵《え》さがしだ！

❶から❺までのもんだいの答《こた》えを、海《うみ》の中《なか》からさがしだすんだね！

❶夜空《よぞら》じゃなくて海《うみ》の中《なか》にある星《ほし》は、どれ？

❷ちゃんとかさを
持《も》っているのに
いつもズブぬれさん、
どれ？

❸さかだちすると
「かるい」けど、
ホントはそんなに
かるくないもの、
どれ？

❹雨《あめ》の日《ひ》ばっかり
歩《ある》かされるくつは、
どれ？

❺ピースサインして
横《よこ》歩《ある》きするのは、
どれ？

わたしからのラストもんだいは、
〝なぞなぞスケルトン〟です！

◉あそびかた◉

①の、なぞなぞの答《こた》えが「リス」だったら、タテに入《い》れる。

②の、なぞなぞの答《こた》えが「スイカ」だったら、ヨコに入《い》れる。

③の、なぞなぞの答《こた》えが「イチゴ」だったら、タテに入《い》れる。

かさなる文字《もじ》が合《あ》えば、せいかいっ！

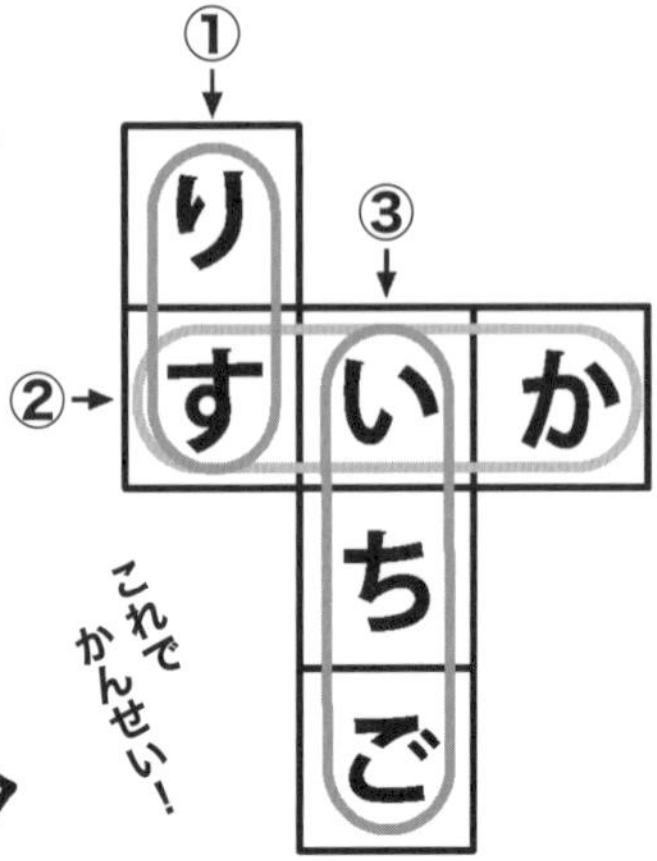

48

人《ひと》もウシものれるのりものは、なーに？

49

ゲームするときコロコロころがす四角《しかく》いはこは、なーに？

紙《かみ》に書《か》きだしてみよっと！

50

高《たか》いところで
風《かぜ》を食《た》べて
およぐ魚《さかな》は、
なーに？

51

ふたをあけると
歌《うた》いだす
ふしぎなはこは、
なーに？

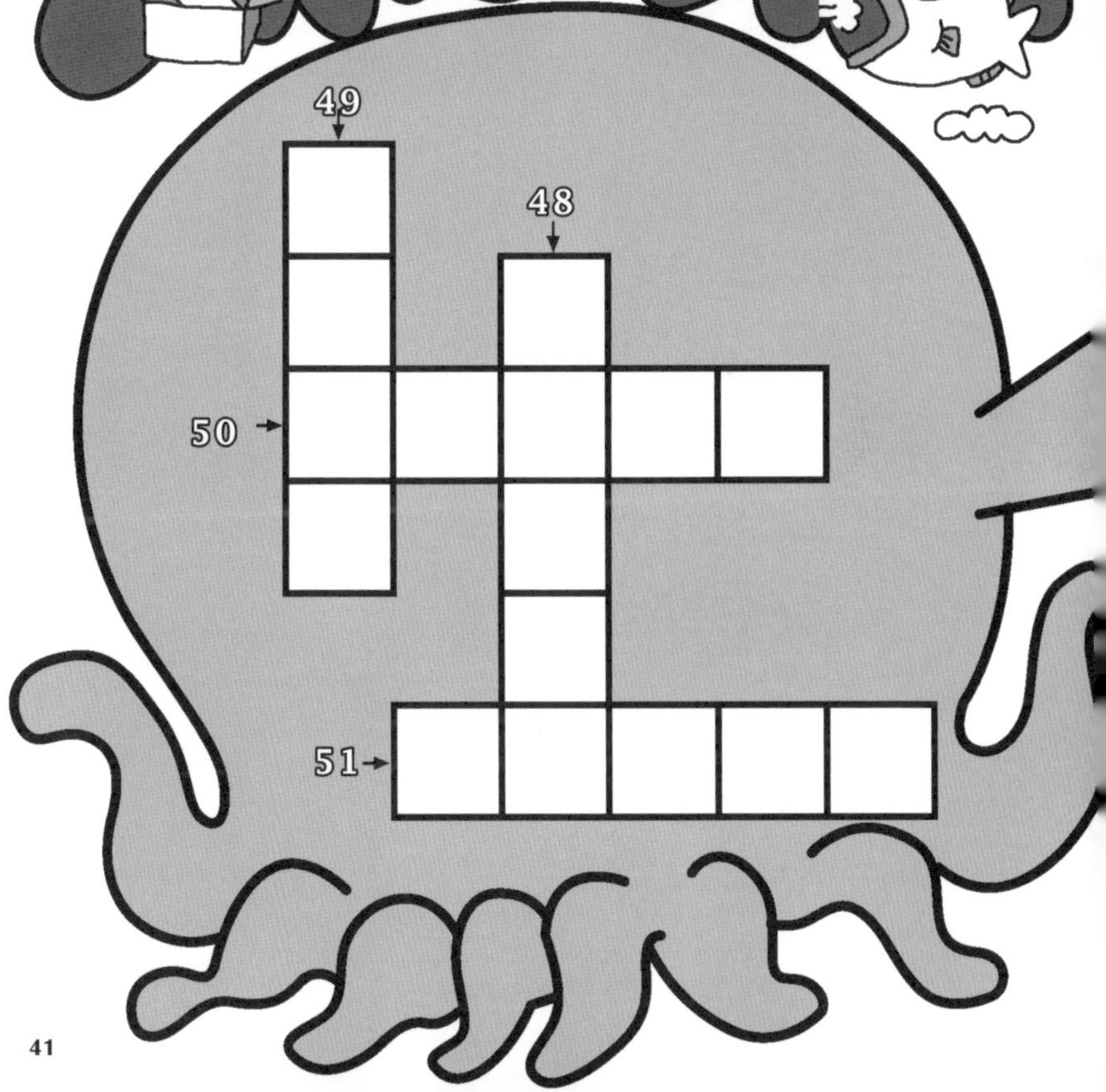

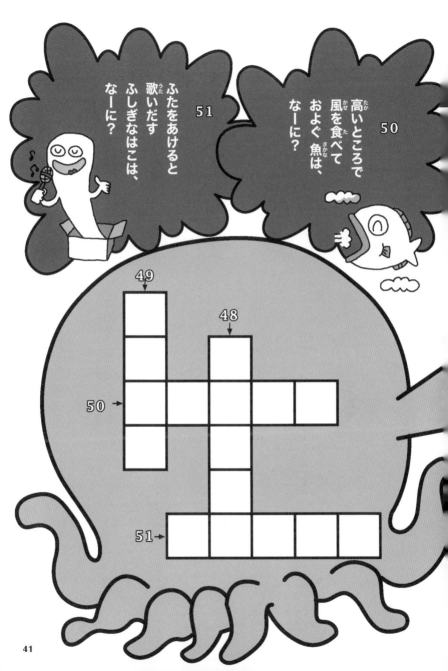

うーん！おそれいった！ぴょこたんは、なんでも答《こた》えられちゃうんですな。わたしのまけです。ではでは、つぎのせかいへ、おおくりしますです！

ピコッ！
また水《みず》〜っ？
スタート

ゴール
ひょえっ
なんか おちてきたぞ？
バイバーイ
まあ いいや。のってきな
わーい！

鳥《とり》ワールドへやってきた
★★★★★

52

頭《あたま》に「ひ」を
つけて、
おきゃくを
のせて
空《そら》をとぶもの、
なーに？

53

空《そら》の上《うえ》で
風《かぜ》にふかれるたび、
やせたり
ふとったりする
白《しろ》っぽいもの、なーに？

54

7色《いろ》の、
だれも
わたれないはしって、
なーに？

55

ワニが
さかだちしたら
でてきた「トリ」って、
なーに？

56

夜《よる》の空《そら》で、
シビれを
切《き》らして
いるもの、
なーに？

57

船《ふね》と
よばれて
いるのに、
空《そら》にういているもの、
なーに？

58

きゅうに「き」が
フワフワと空《そら》に
のぼりました。
これ、
なーに？

59

前《まえ》へ前《まえ》へと
進《すす》まされて
いるトリは、
なーに？

60

えんとつから
生《う》まれて、
空《そら》にのぼって
きえるもの、
なーに？

さっすが
鳥《とり》ワールド。
いっぱい
とんでる！
スタート

ゴール
わぉ
じょうできだ！
また、のりたまえ

さすが、ぴょこたん！
めいろは
らくらくクリアーしたね。
こんどは
〝とりトリ絵《え》さがし〟を
やってごらん

とりトリ絵《え》さがしです。
左《ひだり》の3わと
同《おな》じ鳥《とり》を
さがそう。

ふふふのふ…
さすがだ！
ウサギの
ぴょ〜こ〜たん！
トウッ！
われら、
なぞなぞ戦士《せんし》！
クエスチュン
よく
わからないけど、
カッコイイ〜！
まずは
わたし、
バードワンの
なぞなぞを
といてみたまえ
トウ

いくぞ!
61
たまごじゃないのに
食《た》べる前《まえ》に
わらないと
いけないいもの、
なーに?
62
丸《まる》いものを
5こやく
りょうりって、
なーに?
63
どんな鳥《とり》でも、
生《う》まれたときから
持《も》っている
「はし」って、
なーに?

64

かる〜く
とんでしまい
そうな「ふとん」
って、なーに？

65

うえ木《き》を
ダメに
しそうな鳥《とり》って、
なーに？

66

夜空《よぞら》に、
大声《おおごえ》だしてさく
でっかい花《はな》って、
なーに？

えへへ。
バードワン、
こんななぞなぞ
かんたんだよ！
もっとむずかしいの
ださないの？

67

ねがいをこめたところにまいおりる「ツル」って、なーに？

68

いつもろうそくをフーフーしている鳥《とり》は、なーに？

トウッ！すごいぞぴょこたん！
イエ
うふふ！つぎはわたし、バードツーからのもんだいよ！
うふふ！それぞれ～！答《こた》えに「とり」がつくなぞなぞよ～っ
69
太《ふと》ることも仕事《しごと》のひとつの「とり」って、なーに？
70
よくお正月《しょうがつ》にみんなであそぶ「とり」って、なーに？
71
いつもなにかに見《み》とれている「とり」は、なーに？

72
おしりがたいせつな「とり」って、なーに？
73
小《ちい》さな「トリ」がだす音《おと》って、なーに？
74
いつも1わでいる「とり」は、なーに？
75
人《ひと》のゆびであそぶ「とり」って、なーに？

ま…
まけた
ビカ〜ン！
バードスリー
いきます！
答《こた》えには
「ス」がつくぜ！
ワー!!
ここから！
正《ただ》しい答《こた》えの絵《え》のほうに進《すす》む、
〝なぞなぞめいろ〞だぞ！
ハワイでおどると見《み》られる「ス」は、なーに？
どっち？
こっち？
よしきた！
やってやる〜

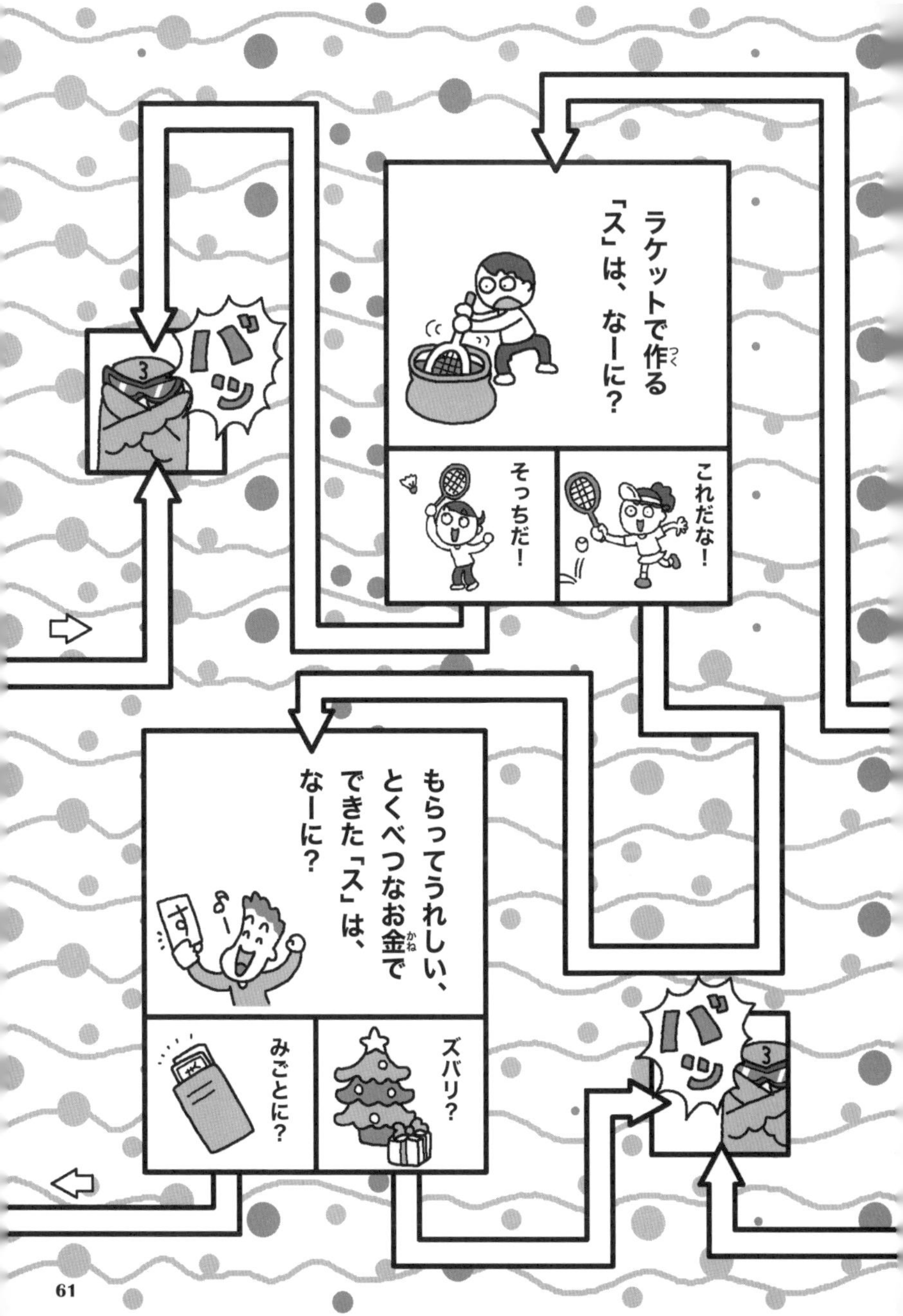

バッ
ラケットで作《つく》る「ス」は、なーに？
これだな！
そっちだ！
もらってうれしい、とくべつなお金《かね》でできた「ス」は、なーに？
す
ズバリ？
みごとに？
バッ

すぐにとけちゃう、あまい「ス」は、なーに？
これ？
それ？
外国《がいこく》でけいさつかんをよぶときの「ス」は、なーに？
す
やはり！
もちろん！
パソコンのすぐそばにある「ス」は、なーに？
きっと！
いやいや！
バッ
バッ

やられたぁ かなわん！
もう こうさん かい？
まいった まいった すごいなー！
やや、あやしいわらい声《ごえ》
わははのは〜ん
このやじるし、…なんだろ？

スタート
はしとかいだんをとおるんだ

ゴール

雲《くも》ワールドへやってきた ★★★★★

76

ややあ、ぴょこたん。このあたりは雲《くも》ワールドだい！クモボンからもんだい、それっ、ふ〜っ！
またおもしろいのがきたね！

77

空気《くうき》を食《た》べて
フワフワしているゴム、
なーに？

78

うしろにふっているのは、
なにかな〜？

79

空《そら》がどんよりとする、
木《き》が1本《ぽん》もない
「もり」って、なーに？

80

せかい中《じゅう》の人《ひと》が
つかっているのに、
だれにも見《み》えないもの、
なーに？

81

風《かぜ》にふかれて、
すぐにきえてしまう
玉《たま》って、なーに？

82

「2」って、えい語《ご》で
なんていう？

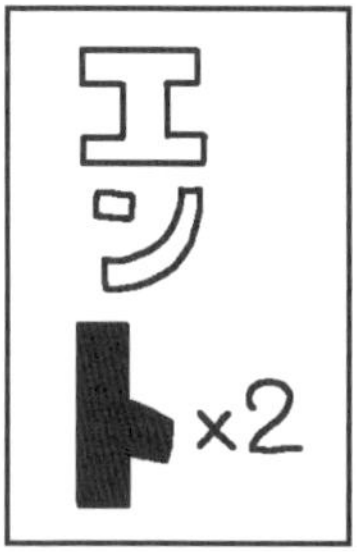

83

風《かぜ》の力《ちから》で回《まわ》る、
大《おお》きなものだよ！

84

やねの上《うえ》や
ベランダで、
見《み》えないものを
あつめるのは、
なーに？

オイラ思《おも》う！ぴょこたん、スゴイ。でも、つぎはどうかな？
なんでもヘッチャラだい
ゴロ…ゴロ…
ピカッ
ゴロゴロゴロワッ！
ムクムク
うわわ黒《くろ》い雲《くも》が…
だれ？？？
オウオウ！雲《くも》ワールドをナメちゃいけねぇっす！どんどんいくっす。"お天気《てんき》なぞなぞ"！

85

雨《あめ》をばらまき、風《かぜ》をふかせ、
大《おお》あばれする
ひとつ目《め》って、
なーに？

86

黒《くろ》いものが
あつまると、
たくさん
水《みず》をまくのは、
なーに？

87

雪《ゆき》が
大《おお》あばれするときに
つかう「ぶき」って、
なーに？

ひゃ
たいへん。
黒雲魔人《くろくもまじん》！
オイラにがて
ええーっ
そうなの？
88
雨《あめ》の日《ひ》に、
町中《まちじゅう》に
ひらくもの、
なーに？
89
雨《あめ》の日《ひ》に、
てんじょうに
でたらこまる
「もり」って、
なーに？

90
冬《ふゆ》に空《そら》から
おりてきて、
すべてを白《しろ》く
するもの、
なーに？
91
大《おお》きな音《おと》と
いっしょに、
雲《くも》から
とびだす
「つま」って、
なーに？
92
「よっ」とか
「ほっ」と
いいながら、
あたったり
はずれるもの、
なーに？
へへ～ん！
オレさまの
お天《てん》気《き》なぞなぞが、
おまえたちに
わかるっすか？
あきらめるなら
いまのうち！

つぎは、〝れんそうなぞなぞ〟。よく読《よ》むっす！

◉あそびかた◉

たちつみと

これを正《ただ》しく「たちつてと」にするには…

「み」の字《じ》にちゅうもくだぜ！

わかった！「て」が「み」でしょ。答《こた》えはてがみだ！

93 春《はる》の〜♪って、やつだね

あいうえわ

94 一番《いちばん》キレイなのは、だれ？

みきくけこ

ないぬねの
95 どんなあじ？
あいいえお
96 かぜをひく前《まえ》に…
きひふへほ
97 くると、うれしい！

よ〜し
あたしからは、
"シークワードなぞなぞ"
いっくよ〜っ。
あなたには、
かんたんかしら?
ほら! 文字《もじ》の中《なか》に、
ものの名前《なまえ》が
かくれてるわ
◉あそびかた◉
きともり
もみかん
ずりかご
ごみかお
オットット
上《うえ》のカタカナの中《なか》、
タテやヨコに
なぞなぞの答《こた》えが
あるはずよ
…なぁんか
ムズかしそう

オ	モ	リ	カ	キ	ク
カ	ー	ペ	ッ	ト	マ
カ	ト	ン	キ	ラ	ミ
ノ	コ	ギ	リ	ン	ミ
ズ	ア	ン	ン	プ	ズ

98
（ヨコ！）
車《くるま》に
どうぶつを
のせるとき、
しいたりして。

100
（タテ！）
「ペン」は
「ペン」でも、
さむい
ところにすむ
「ペン」よ。

99
（ヨコ！）
ギザギザのはで、
木《き》にかみついたり
するわね。

101
（タテ！）
よく
切《き》ってから
くばるけど、
食《た》べられないわ。

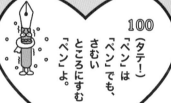

どんどん
いっくよ〜っ。
こんどは、ナナメもあるわよ

102
（タテ！）
まどのそばで
いつもいったり
きたりしている
ヒラヒラさんよ。

103
（ナナメ！）
足《あし》で、かきながら
すわっているって、
どんなじょうたい
かしら。

104
（ヨコ！）
りょう手《て》に
つけちゃうと
つかいづらくなる
大《おお》きな手《て》ぶくろは、
なにかしら。

105
（ナナメ！）
おしりを
とると
どうぶつに
なってしまう
いれものよ。

ズ	ア	ウ	ト	カ	ホ
ボ	ッ	グ	ロ	ー	ブ
ン	カ	イ	ラ	テ	ド
ヨ	ニ	バ	ト	ン	フ
モ	ー	ル	ン	バ	シ
レ	サ	サ	ボ	テ	ン

106
(ヨコ!)
なまけもので、
みどりの体《からだ》に
はりがいっぱい
ついている
ものよ。

107
(タテ!)
秋《あき》の空《そら》を
スイスイとぶ、
ふしぎなブタは
なにかしら。

フワフワ
どもっす。
黒雲魔人《くろくもまじん》のアタルっす。
はくりょくなくて、すまないっす。
でも魔人《まじん》っすよ。
ぴよこたんたちと あそべて 楽《たの》しかったっす。
だから、すげーめいろを プレゼントするっす！

ふわり
！
クルクルで～ビカビカ！いなずまめいろ、はじまり～っす
アタルくん、サンキュー！おもしろそうじゃん
スタート

みんな〜、
このめいろは
目《め》がチカチカ
するけど、
がんばって進《すす》むよ

ゴール

いきなりまちがいさがしだよ！

上《うえ》の絵《え》と下《した》の絵《え》では、ちがうところが５こあるよ。さがしてね。

はしをわたったりくぐったり！
スタート

いこう!
ゴール

108
人《ひと》の手首《てくび》にまきつく、
数字《すうじ》だらけの
もの、どこ？
109
にぎるとでてくる、
ごはんの
お山《やま》、どこ？
ここは
〝答《こた》えひろいなぞなぞ〟
だよ。
ページの中《なか》に答《こた》えの
絵《え》がおちてるよ〜

110
そうじの前《まえ》に、
水《みず》をいっぱいのみこむ
おしりって、
どこ？
111
すわるためにあるのに、
自分《じぶん》はどうしても
すわれない
もの、どこ？
112
花《はな》が水《みず》あびにつかう
シャワーって、
どこ？

?《ハテナ》ワールドへ やってきた ★★★★★

113

土《つち》の中《なか》で「グラッ」と ゆれてる どうぶつは、なーに？

115
首《くび》を
かしげながらも、
たくさん
はたらく虫《むし》って、
なーに？
114
おなかに
電池《でんち》を入《い》れて、
ひとつ目《め》を
光《ひか》らせるもの、
なーに？

なんか、このせかいはたいへんそうね
んんん！なんだ？なにやってるんだろう？
アイツがなげてる
安全十
コラ！なにしてんのさ？
安全十
……………
安全十第一
?
あっにげた！
サササッ

モグラは、この先《さき》に
いるかもしれない！　けけけ！
①②③、どの道《みち》かな〜？
①
②
③
きっとこの道《みち》にちがいねぇ！
あのねあのね、ぼくたちはこの道《みち》だと思《おも》うよ
いや〜、この道《みち》の先《さき》にきまってるでしょ！

106ぺーじヨリ ヨウコソ。
コンドハ ワタシノ マチガイサガシダ。
左《ヒダリ》ニアル いらすとノ 上《ウエ》ト下《シタ》の マチガイヲ 5コ 見《ミ》ツケナサイ
5こ あるんだね！

すうじ
ぜんぶ見《み》つけたよ。それでどうするの？
ぴーっ
すうじ
ナント…！ワタシノ イカシタ マチガイサガシマデ イトモ カンタンニ アテルナンテ… コレハ ホントニ ナント イイマスカ…
ようし！ここをとおれば、♣につくんだね
マケマシタ。コノ スベリドメヲ モッテ、♣ノ メイロヘ イキナサイ
スベラーズ
108p《ページ》へ いそげ！♣

120
道《みち》やせんろのまん中《なか》で、大口《おおぐち》あけてまっているもの、なーに？
なぞなぞはぜんぶクリアーだ！つぎは、♥にいくんだね
102p《ページ》へ！

119
家《いえ》の中《なか》で、
すぐに古《ふる》くなる
ところは、
どこでしょう?
118
いつも
くっついて
いるけど、
ジャンプで
はなれる
もの、
なーに?

117

高《たか》いところに
のぼる、5つの
「はし」って、なーに？

ここからは、なぞなぞをときながら、めいろを進《すす》むぞ！
116
のぼりおりすると、こわい話《はなし》が聞《き》こえてくるもの、なーに？
……

ありゃ
モグラが
いた!
キミはいったい、
なにものなの?
もぉ、
ちゃんと
聞《き》くの!
おなかすいたね…
わたしは、
モグラ王国《おうこく》の
いちおう
「王子《おうじ》」なんです。
ぴょこたんたちの
うわさを聞《き》いて、
ホントに
ここまで
これるか、
テストして
みたんです。
ためしたりして
ごめんなさい…
ヨヨヨヨ!
おねがいが
あります!
な、
なに?
じつは…

わるいまほうをとく、「もぐもぐ」というキノコをさがしてるんです。でも、どうしても見《み》つからなくて…。そこでぜひ、みなさんにもてつだってもらえたら！
もぐらのもぐもぐ
食《た》べれません
20cm
それって、自分《じぶん》の力《ちから》でさがさなきゃ、いみないヤツじゃない？
そ、そ、そ、それはそうなのかもしれませんが…
でもさー、こまってるんだからさがしてあげようよ
ホッ…
はりきってつぎのページへ！

ズン
ズン
おわっ！

すうじ
イキナリデ
ビックリシタ　ダロウガ、
ワタシハ　石《イシ》デ　デキタ
「かずお」トイウ　名《ナ》ノ　めかダ。
もぐら王子《オウジ》ガ「モグモグ」ヲ
サガシテイルト　キイタ。
ホシカッタラ、ワタシノ　ダス
モンダイヲ　くりあーシロ。
マズハ、ナゾナゾダ

カズオくんのなぞなぞだから、数《かず》にかんけいあるみたい
121
かいだんの5だん目《め》で食《た》べるもの、なーに？
122
ブンブンとんで、さしそうな数字《すうじ》、なーに？
123
数字《すうじ》の9がきらいなどうぶつ、なーに？
124
「ス」を10こあつめて作《つく》るのみもの、なーに？

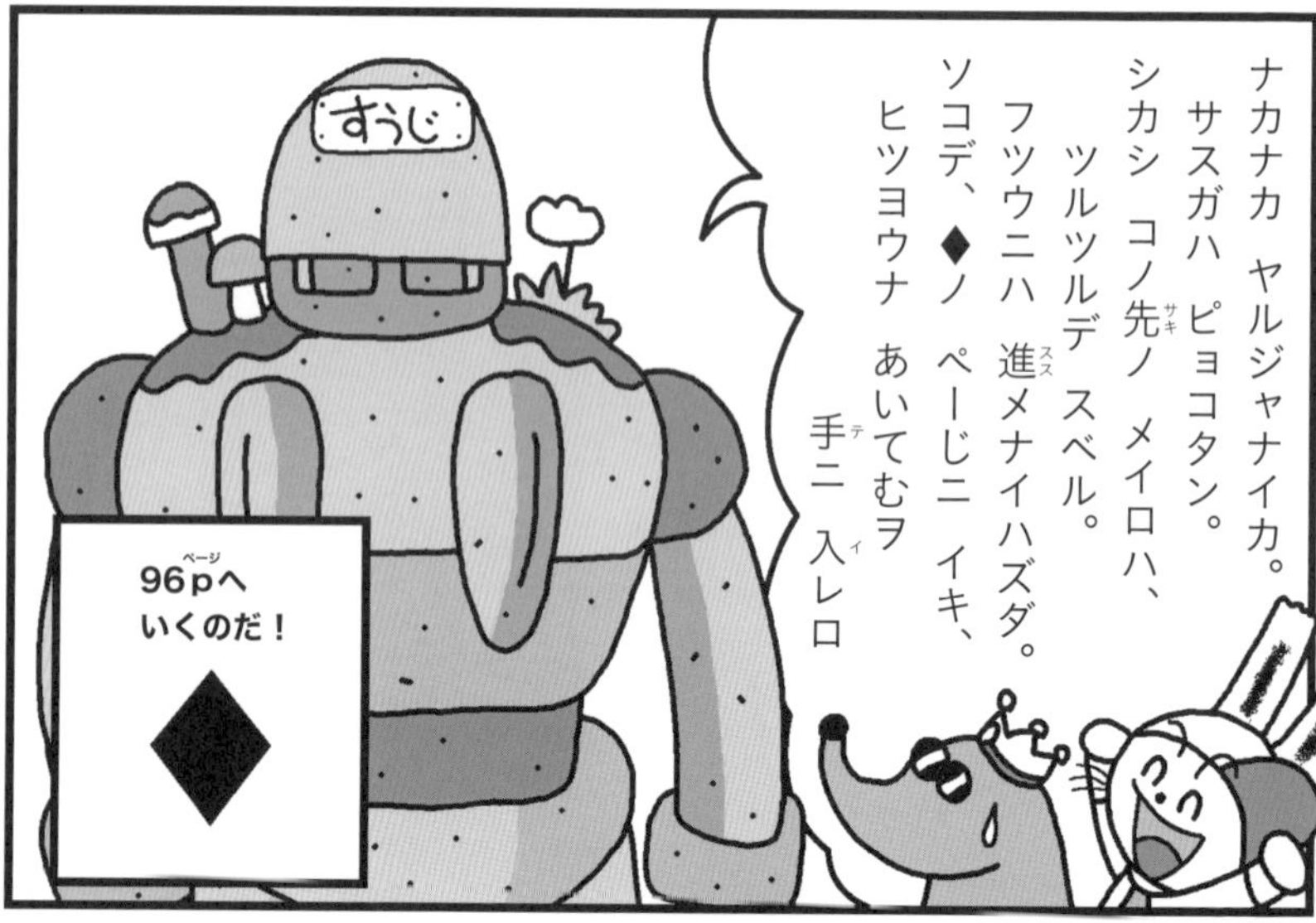
ナカナカ ヤルジャナイカ。
サスガハ ピョコタン。
シカシ コノ先《サキ》ノ メイロハ、
ツルツルデ スベル。
フツウニハ 進《スス》メナイハズダ。
ソコデ、◆ノ ぺーじニ イキ、
ヒツヨウナ あいてむヲ 手《テ》ニ 入《イ》レロ
すうじ
96p《ページ》へ
いくのだ！
◆

あちゃ、
いきどまりか！
ぼくとしたことが、
しっぱいしっぱい
111p《ページ》に
もどるのだ！

ああ…
わたしひとりでは、
わからなかった
なぞなぞ
ばかりです！
128
虫《むし》たちのすむ
「むら」って、
どこ？
129
いつもペコペコ
している
草《くさ》って、
なーに？
130
食《た》べると帰《かえ》りが
おそくなる
「草《くさ》」って、
なーに？
やっとこさ
111p《ページ》へ
GO《ゴー》！
☆
なぞなぞが
ぜんぶ
わかったら
☆にいこう

イエイ
ここがツルツルめいろだ。みんな! もらったすべりどめを足《あし》にぬっていこう
スベラーズ
ころばないようにね
スベラーズ
スタート

よいしょっと
うあっ
ゴール

☆

131

そいつは、ふだんはしずかに、
大《おお》ぜいのなかまと
ねむっている。
しかし、引《ひ》っぱりだされたとたん、
なんと頭《あたま》に火《ひ》をつけられてしまうのだ。
もやされると、なみだをながすが、
おこることもなく、どんどん小《ちい》さくなり、
さいごにはきえてしまう。
…さて、このぶきみなヤツは、
いったいなんだろう?

なぞなぞの答《こた》えが、
「ろうそく」なら
114p《ページ》に進《すす》む！

なぞなぞの答《こた》えが、
「えんぴつ」なら
106p《ページ》に進《すす》む！

このまま112p《ページ》へ！
このまま112p《ページ》へ！

こんどは
なぞなぞして
おりるの！
125
ボタンをおすと、
人《ひと》をのせて
上《あ》がり下《さ》がりする
はこって、
なーに？
126
ふたりで、
しりもちを
ついて
あそぶもの、
なーに？
127
夏《なつ》は上《あ》がり、
冬《ふゆ》は下《さ》がる。
かんじても見《み》え
ないものって、
なーに？
ツタの
あいだを
のぼるん
だね！
よし！
♠へ
むかうぞ！
♠ 107p《ページ》
だよ！
ここから

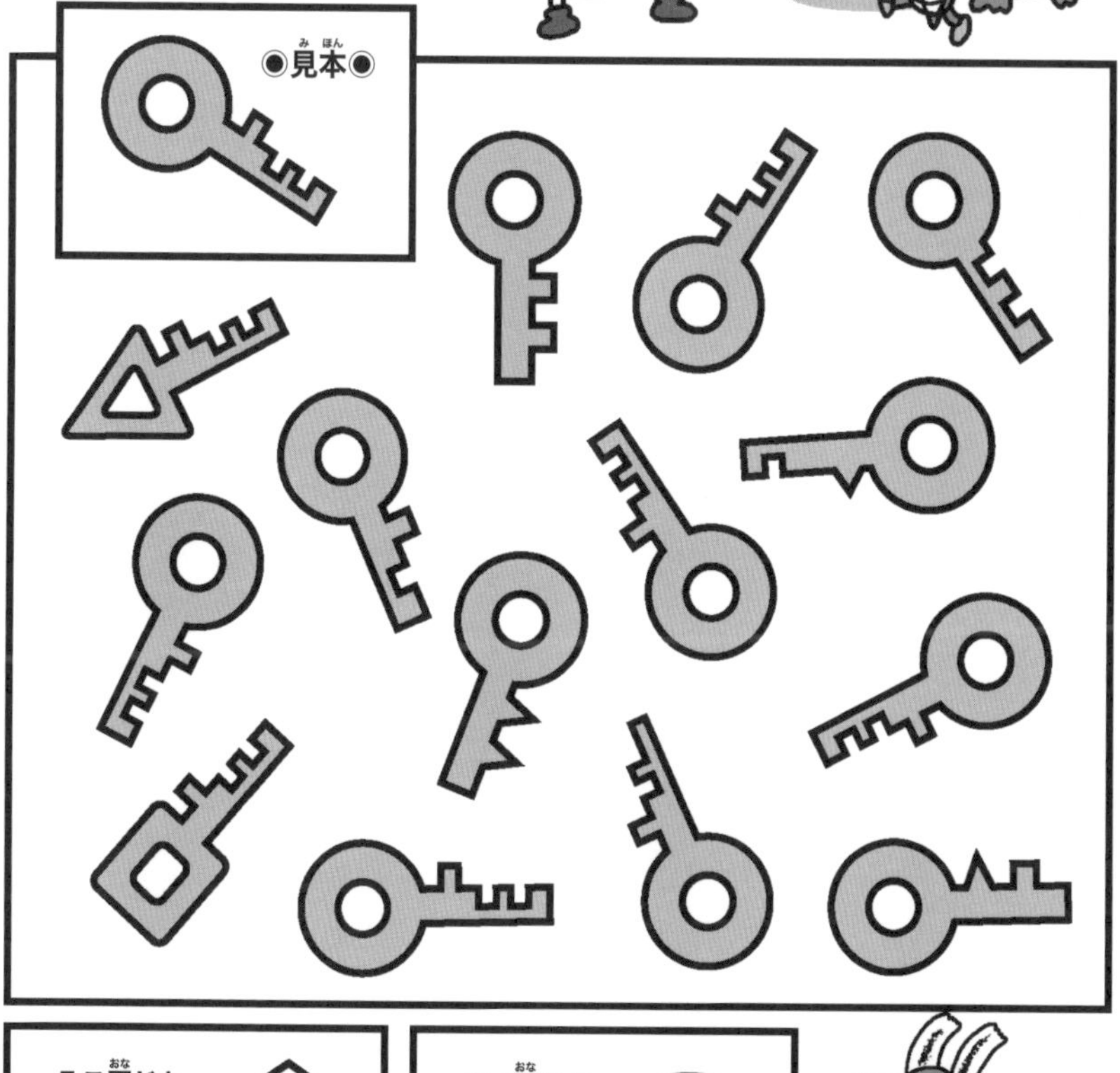

5こ同《おな》じと思《おも》えば118p《ページ》へ！

4こ同《おな》じと思《おも》えば123p《ページ》へ！

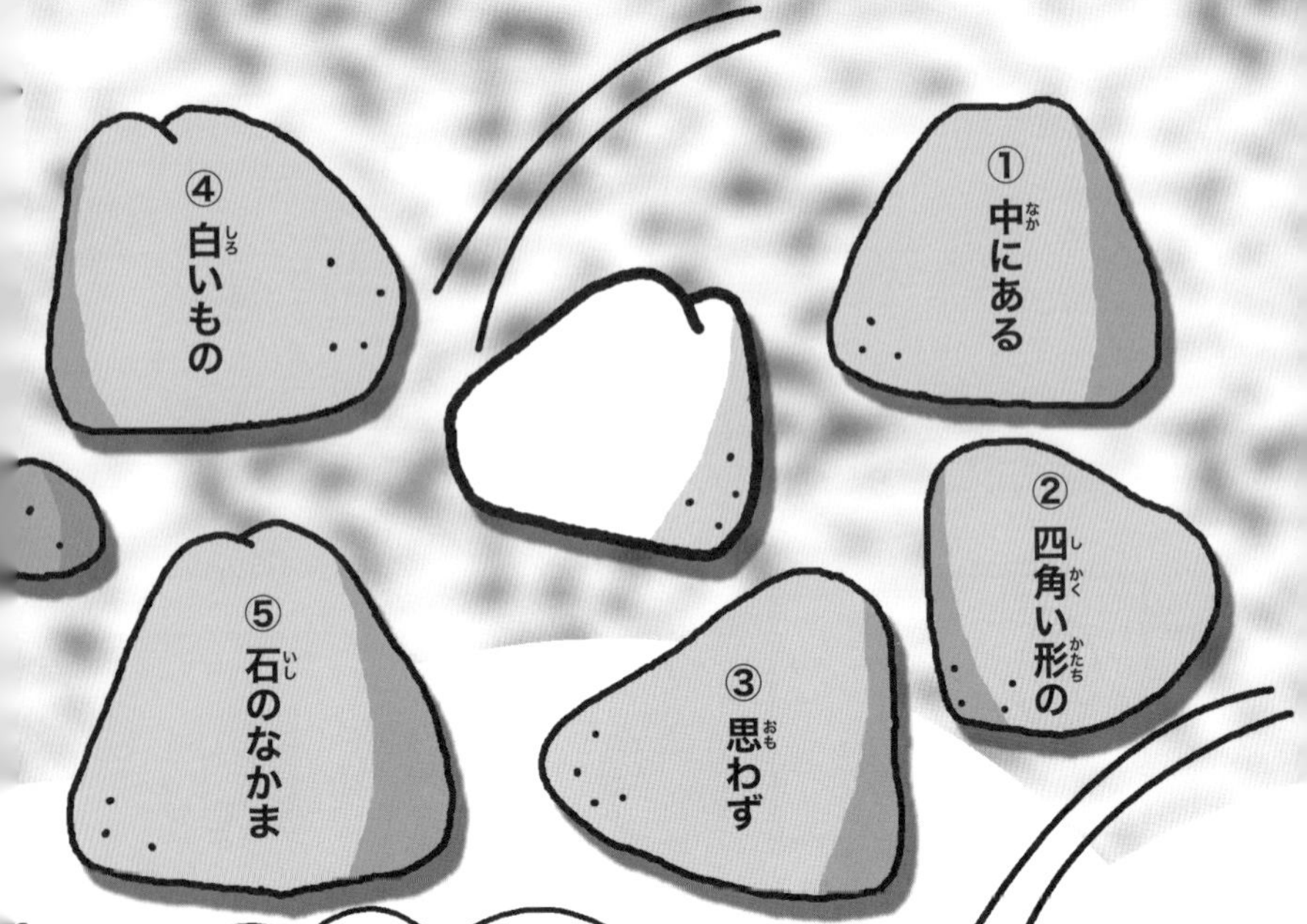

111ページから
きたぞ！

さあ、これはむずかしい…
〝つなぎ岩《いわ》なぞなぞ〟だね。
つぎの答《こた》えになるように、
岩《いわ》に書《か》かれていることばを
つなぎあわせて、なぞなぞを作《つく》るんだ。
①から⑩まで、4つずつえらんでね。
どんなじゅんばんになるかな？
引《ひ》っかけことばもまざっているから、
ちゅういだぞ。

132 （答《こた》えは）**ダイヤ**

133 （答《こた》えは）**ほうせき**

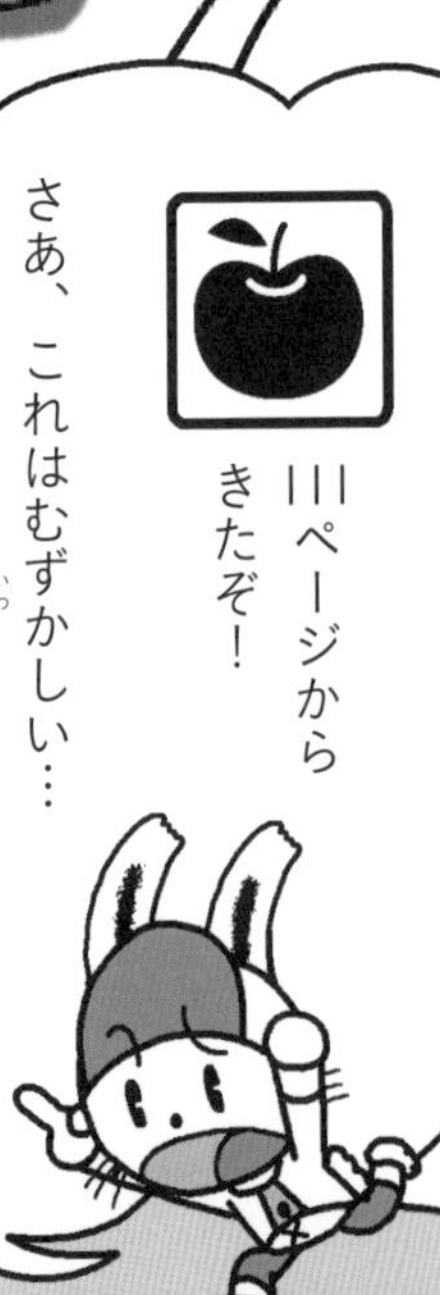

⑥ピカピカした
⑦トランプの
⑧白《しろ》いもの
⑨赤《あか》いもの
⑩見《み》とれる

そろそろキノコがでてくるかな？
ワッ！
ワシはいわおだ～。よくぞ、あの〝つなぎ岩《いわ》なぞなぞ〟がクリアーできたな
ドスン
すごいでしょ！だから「もぐもぐ」ちょうだいな
ざんねんだが、「もぐもぐ」はここにはない。アレを手《て》に入《い》れるにはひつようなものがあるぞ
…そ、それは、なあに？

それは…
このなぞなぞの
答《こた》えだーっ！
正《ただ》しいと思《おも》う
マークへ進《すす》め

134

かければ
かけるほど
入《はい》りにくく
なってしまうもの、
なーに？

答《こた》えが「かぎ」と思《おも》うなら、
113p《ページ》へ！

答《こた》えが「マラソン」と思《おも》うなら、
123p《ページ》へ！

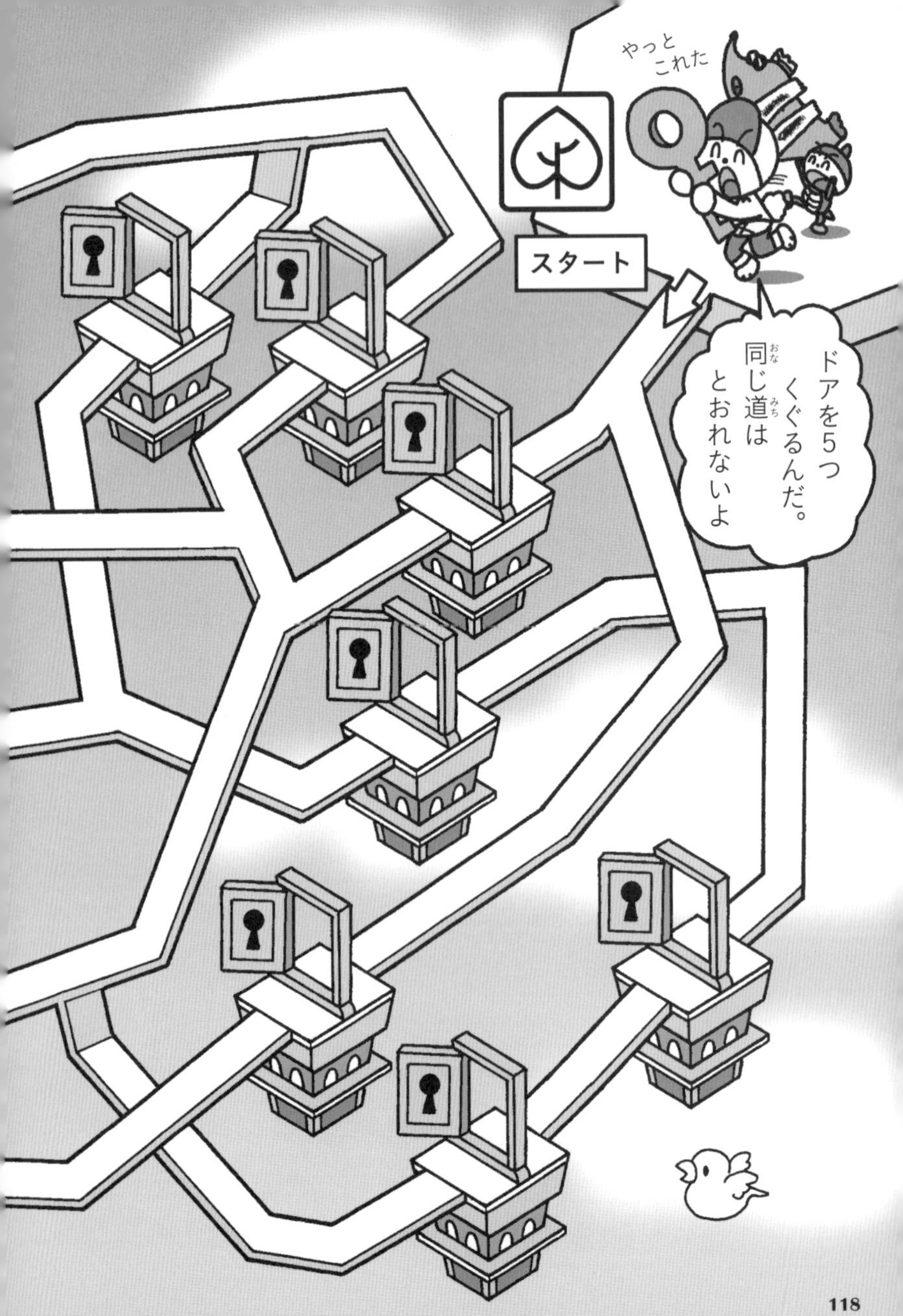
やっと
これた
スタート
ドアを5つくぐるんだ。
同《おな》じ道《みち》はとおれないよ

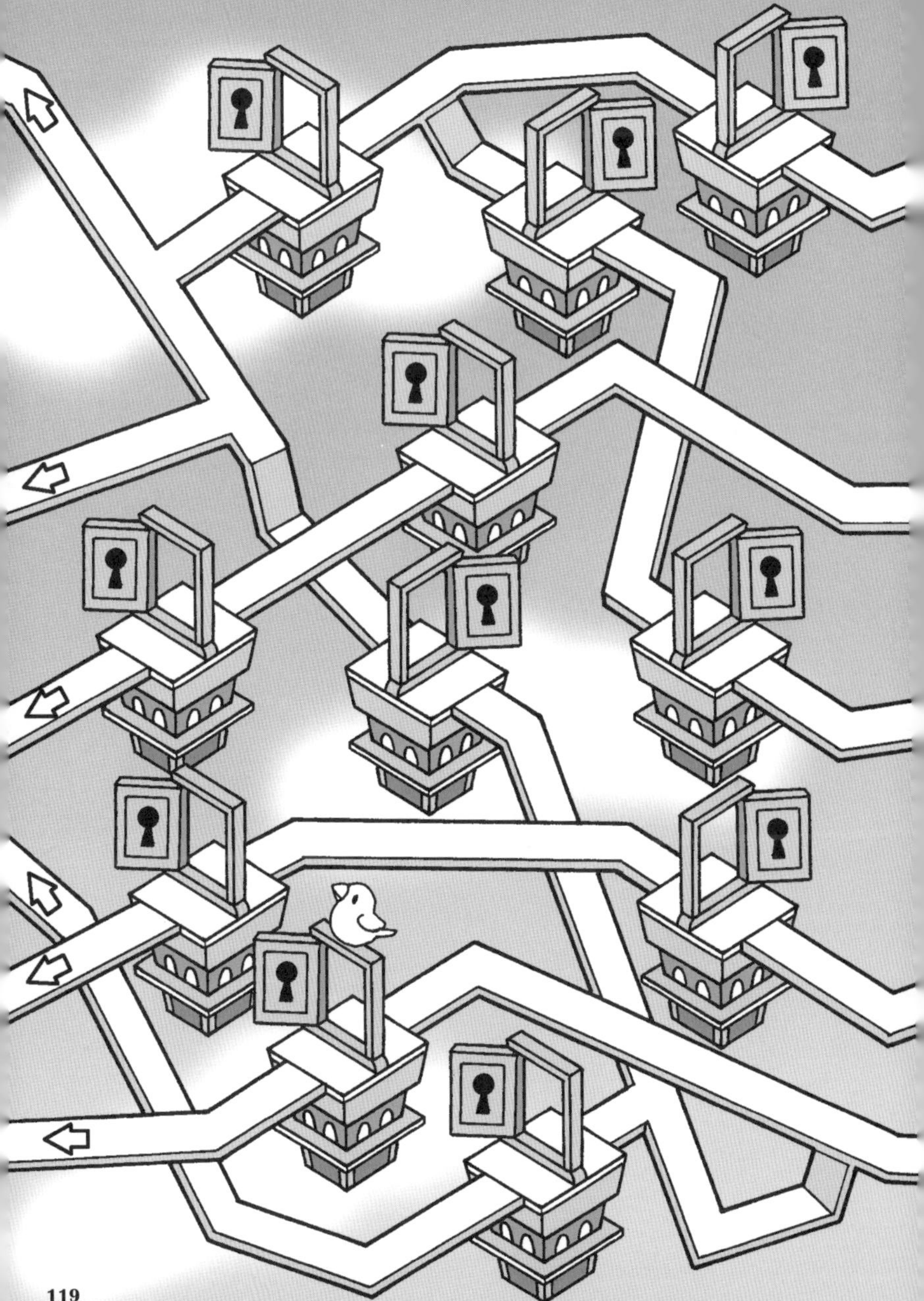

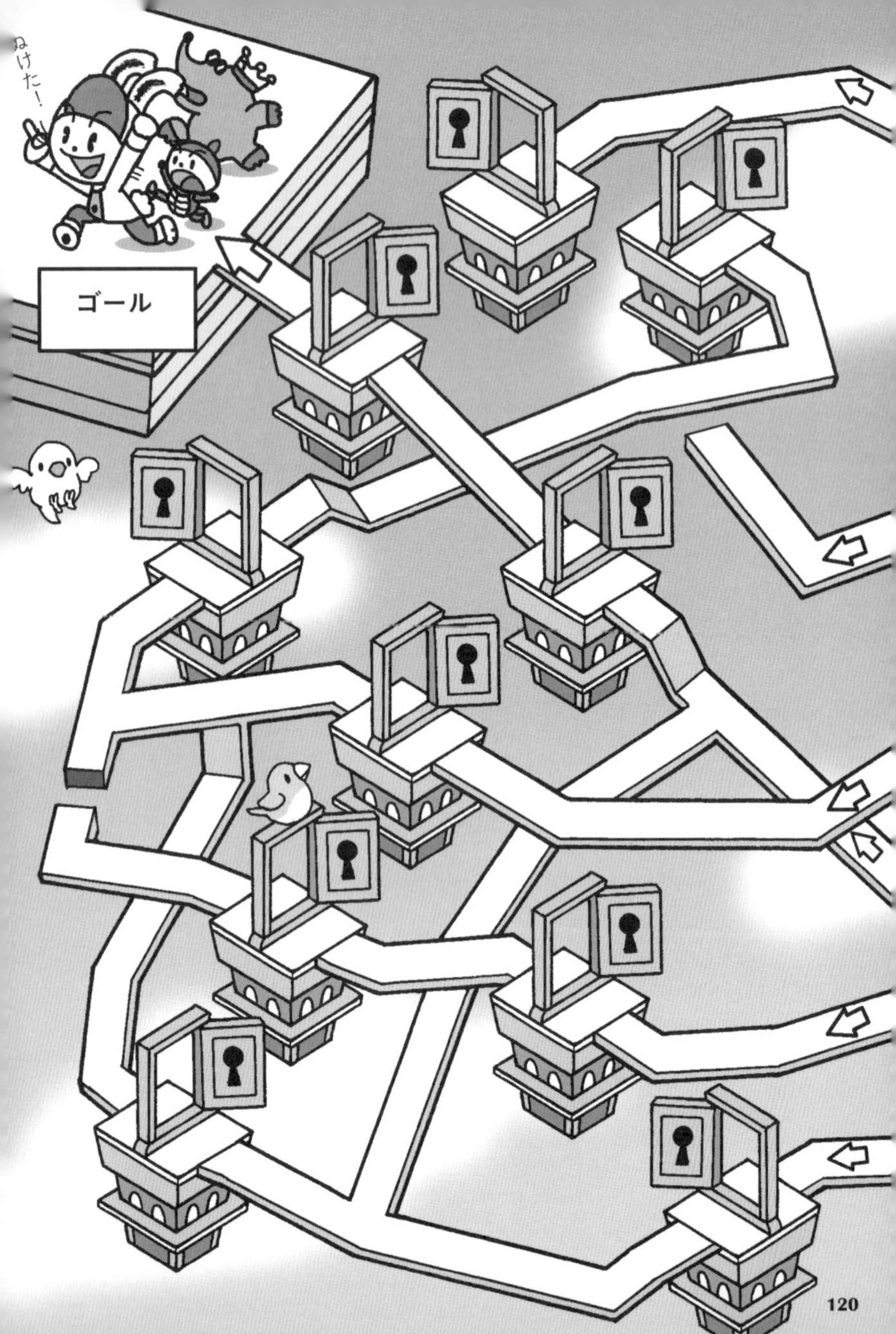
ぬけた！
ゴール

よく がんばったね ぼく、キノッピ！
お〜っと！
ポン
オイオイ…
やった〜 キノコ キノコ！
それ「もぐもぐ」じゃないよ
そうよ キノッピよ
王子《おうじ》さま、ガッカリ しないで〜。もうすこしで キミたちの ものになるよ
ぼくの もんだいに 答《こた》えられたら、さしあげよう！
やった！ いそげ〜

まずはヒントつき！
このなぞなぞには、
答《こた》えのさいしょに
ぜーんぶ
「き」がつくよ～
135
森《もり》の中《なか》で、
かさをさして
立《た》っている
もの、なーに？
136
手《て》紙《がみ》に
はりついて
たびをする「手《て》」
って、なーに？
137
木《き》につけた
すずを鳴《な》らす
どうぶつ、なーに？
できたかな？
そしたら、
♡のページで
なぞなぞの
つづき、がんばって！
124p《ページ》へ
ジャンプ！

117p《ページ》へ
もどろう！
おいおい！
マラソンして
どーすんの？
なぞなぞから、
やりなおしだよーん

113p《ページ》へ
もどろう！
おかしいな。
もっかい
数《かぞ》えに
もどろう！
はやくしないと
「もぐもぐ」が
ゲット
できませんよ～

138
「キャッ」と
さけぶと、
べつのところへいく
やさいは、
なーに？
122ページから、よくきたね！
こんどは、やさいたっぷりの
なぞなぞさ！
あとちょっとで、
「もぐもぐ」を、
あげられるんだけどな～
139
上《うえ》から読《よ》んでも
下《した》から読《よ》んでも、
同《おな》じ名前《なまえ》の赤《あか》い顔《かお》は、
なーに？

140
足《た》し算《ざん》で0を足《た》してから
売《う》られる
やさいは、
なーに？
141
土《つち》の中《なか》でオレンジ色《いろ》の
ふくをきているのは、
なに人《じん》？
142
畑《はたけ》にすんでいる、
白《しろ》い
「サイ」
って、
なーに？
143
すなを、さかさまにして
作《つく》るやさいは、
なーに？

みなさん、よくがんばりました！
キノッピからのラストもんだいは、
〝なぞなぞかくれ文字《もじ》〟だ！

◉あそびかた◉

下《した》のなぞなぞを見《み》て、
❶から❺までの答《こた》えを
紙《かみ》に書《か》きだそう！
色《いろ》のついているところを
上《うえ》から読《よ》むと…

それがぼくからみんなへの
メッセージだよ！

答《こた》えの文字数《もじすう》が
ヒントだよ！
わかるかな～？

❶さむいところに
いくと、
立《た》ってしまう
もの、なーに？

❷「イヤ」と
いいながら
耳《みみ》にぶらさがる
もの、なーに？

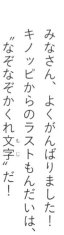

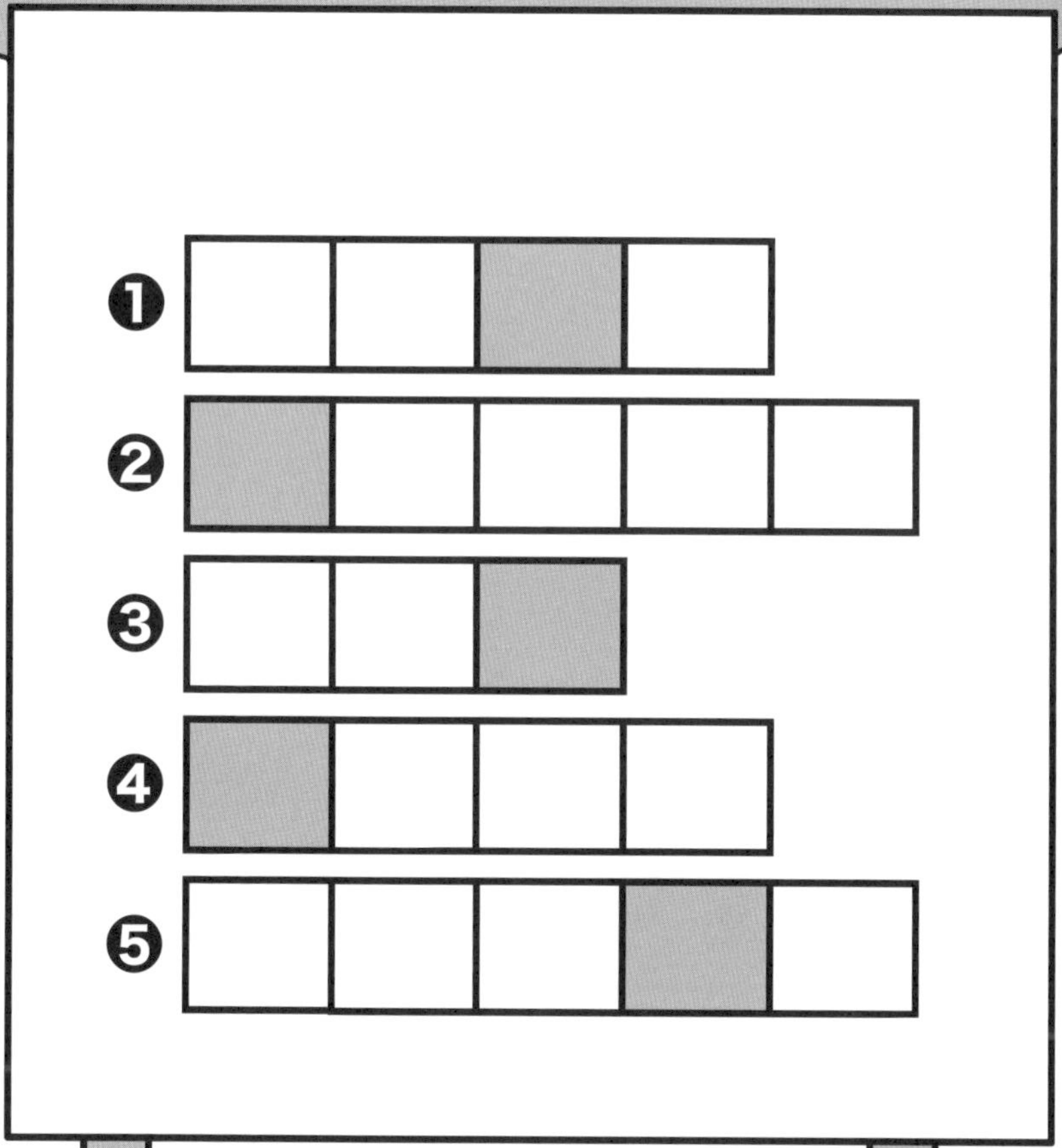

❸なんども
なんども
ねることが
できる土《つち》って、
なーに？

❹すわれないけど、
空《そら》をとんで
きれいな声《こえ》で
鳴《な》く「イス」は、
なーに？

❺人《ひと》の足《あし》に
ついている
2ひきの大《おお》きな
どうぶつって、
なーに？

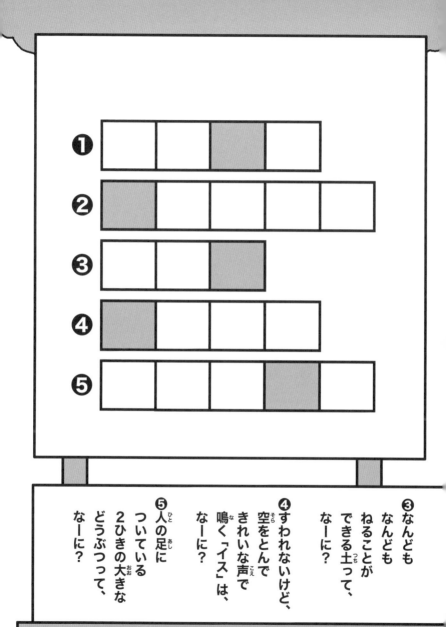

おめでとう！がんばったね。これが「もぐもぐ」だよ
あれ？なんで2こ？
もうひとつはぴょこたんたちへのプレゼントさ
ありがとう。これがあれば、わるいまほうとたたかえます！
よかったね！がんばって！
ぴょこたんたちのは、こうやってつかうよ…
ポン
モグッ

ムクムク
なんだなんだ?
うわあ! ロケットになった〜
ゴオ
みんな、またね〜っ!
バイバ〜イ
…しまった。10分《ぷん》しかとべないっていうのをわすれてた

いやぁ、空《そら》はきもちいいなあ
ほんとね〜
ふわ〜ねむくなりそ……
どんなぼうけんがはじまるのかな？
ポポポポポ
ポポポ
あっ！エンジンがヘンだぞ
ポ……
ぐにゃ
エ〜
とまった！

ガツン
なんだ？どこにおちた？
あら？あまーい…？
下《した》を見《み》てみよう
…？
エ〜!!

だれ？
ぴょこたん、ぴょこたん。そこから、〝なぞなぞひこうき〟にのっておりてきな〜っ
あたしもいくーっ！
よ〜し、それっ！
144
イヌがあたためてから食《た》べるもの、なーに？
145
チラチラと4回《かい》見《み》てから食《た》べるおすしは、なーに？

146
食《た》べながら
いけば、
まいごに
ならないもの、
なーに？
147
走《はし》りながら
食《た》べる
おそばって、
なーに？

食《しょく》ワールドへやってきた★★★★★

148

大《おお》きなようふくを
きている
あんこって、
なーに？

149

「とう」は「とう」でも
高《たか》さはなくて、
あまいぼうみたいな
「とう」は、なーに？

150

やくと、
ドとラの
音《おと》が
聞《き》こえる
おかしは、
なーに？

151

つかった
けしゴムで
作《つく》られた
お寺《てら》って、
なーに？

152

2つと4つの
あいだにある
マメって、なーに？

153

手《て》をふりながら
どこかへいってしまう
おかしって、なーに？

154

さいごに、
9こも
食《た》べるもの、
なーに？

絵《え》をよく見《み》てね！
❶から❸まで
ヒントを読《よ》んで、
答《こた》えとなるターゲットを
さがしだそう！

**❶ボクのうしろの上《うえ》には、
大《おお》きなイチゴがある。
右上《みぎうえ》には、せんたくもの。
ほら、ぼうしを
キャッチしそうな、
ボクは、どこ？**

❷すぐそばを
ロールケーキの
汽車《きしゃ》が走《はし》ってる。
うしろはマシュマロの
花《か》だんかな？
キャンディーの木《き》の
となりに立《た》ってる、
ボクは、どこ？

❸高《たか》いところにいます。
4だん下《した》には、
ぴょこたんが見《み》えます。
うしろ下《した》には
ドーナッツくん。
カメたんと
あいさつしている、
ワタシは、どこ？

上《うえ》の絵《え》と下《した》の絵《え》では、ちがうところが４こあるよ。さがしてね。

右《みぎ》の絵《え》と左《ひだり》の絵《え》では、ちがうところが５こあるよ。さがしてね。

右《みぎ》の絵《え》と左《ひだり》の絵《え》では、ちがうところが３こあるよ。さがしてね。

右《みぎ》の絵《え》と左《ひだり》の絵《え》では、ちがうところが５こあるよ。さがしてね。

155

食《た》べると、安心《あんしん》しちゃうケーキは、なーに？

156

さわると、かんでんしそうなケーキは、なーに？

まだまだ
つづいてるね。
〝あまいもの
なぞなぞ〟
いってみよう！

157

お皿《さら》の上《うえ》で
ふるえている
「リン」って、
なーに？

158

おじいちゃんと
いっしょに作《つく》った
クリームは、なーに？

159

まん中《なか》はないけれど、
ねんりんがある
おかしは、なーに？

こんにちはっち！
モッチーでち
やあ！
ぼくの
なぞなぞも
やってみる？
答《こた》えに
「つき」がつく
なぞなぞだっち！
はぁ、ぺったん♪
ついてるねぇ～

160
木《き》にあなをあけてしまう「つき」って、なーに？
ぺったん たら、ぺったん♬
161
道《みち》のいきどまりにおちている「つき」は、なーに？
162
いんちきなことばかりいう「つき」って、なーに？

163
大《おお》みそかの夜《よる》につかう「つき」は、なーに？

164
クセになってしまったときにでてくる「つき」は、なーに？

165
カルタとりで、しっぱいばかりしている「つき」は、なーに？

166
5月《がつ》のことをあらわす「つき」って、なーに？

167

頭《あたま》でこうげきしてくる、
あぶない
「つき」は、
なーに？

168

夜《よる》になるとコウモリと
いっしょにでる、
こわ〜い
「つき」は、
なーに？

169

やさしく、
そばについてきて
くれる「つき」って、
なーに？

170

お正月《しょうがつ》が近《ちか》づくと
でてくる、
ネバネバした
「つき」は、なーに？

オイラは
モッチーのなかまの
ネバーだばー。
〝なぞジャンプめいろ〟
すればー？
答《こた》えの絵《え》に
ジャンプするば
おなかに
食《た》べものを
つめこんだ、
つめたい
「こ」、
なーに？
スタート

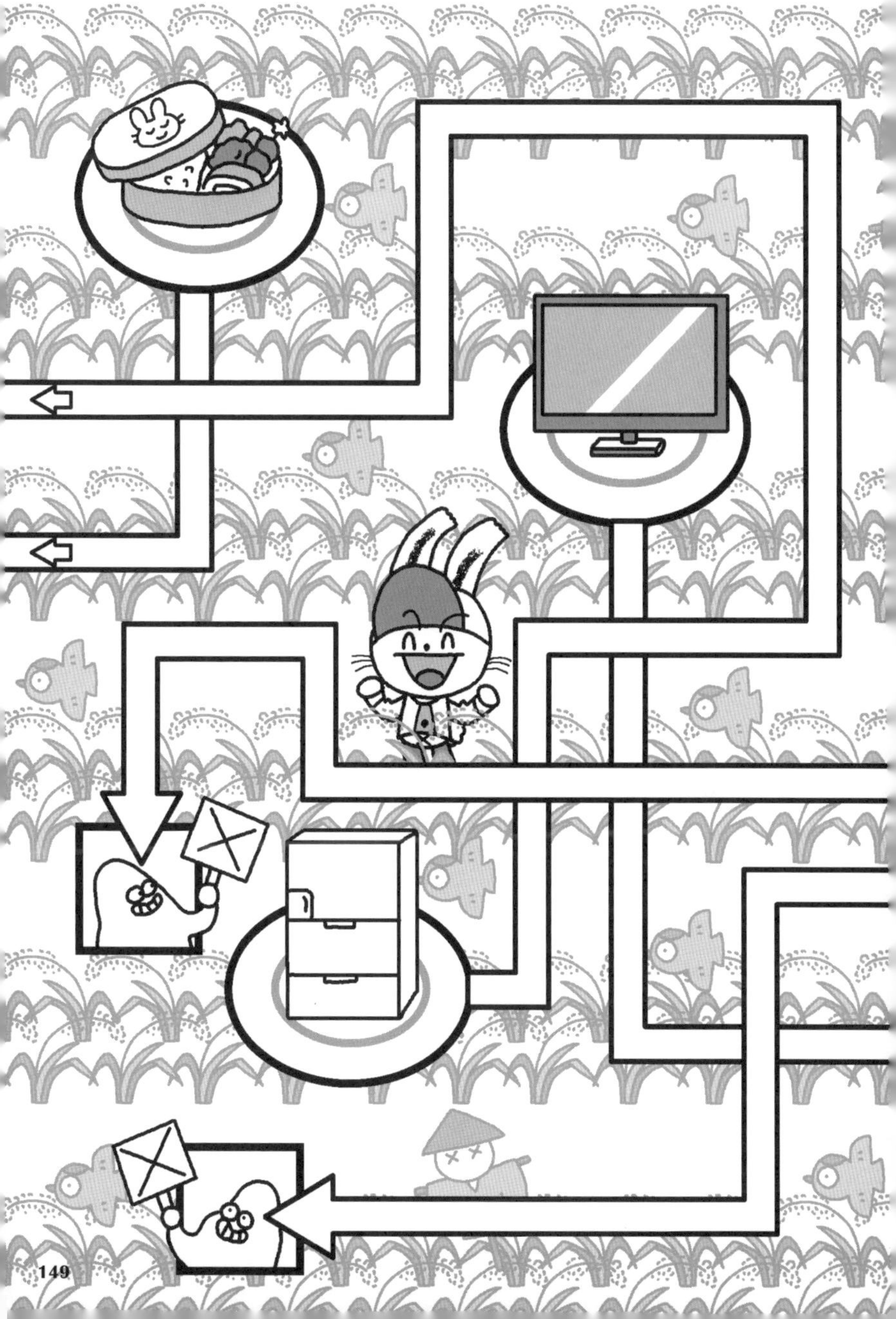

やけた
パンが
ジャンプする
星《ほし》って、
なーに？

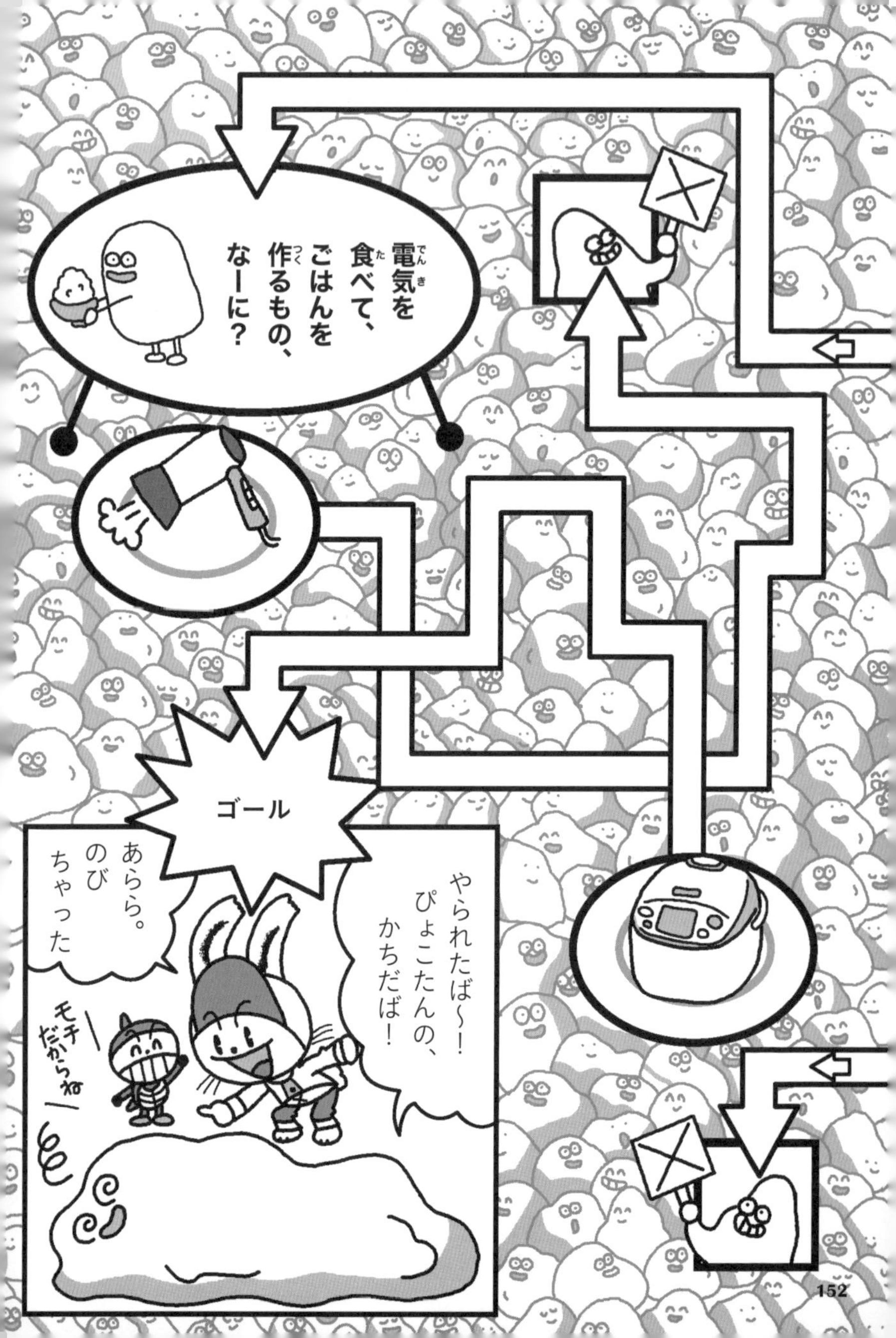
電気《でんき》を食《た》べて、ごはんを作《つく》るもの、なーに？
ゴール
やられたば～！ぴょこたんの、かちだば！
あらら。のびちゃった
モチだからね

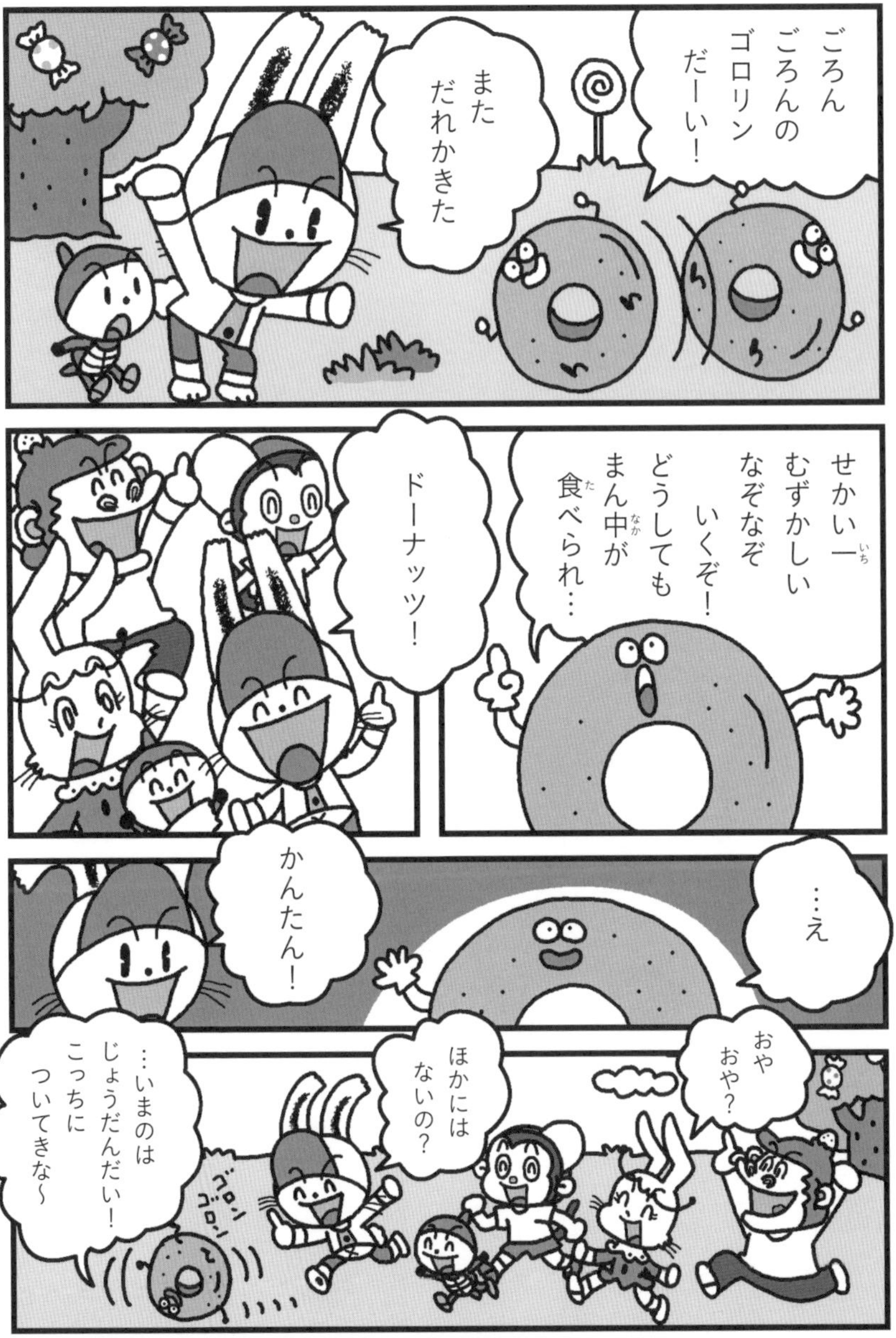

ごろん
ごろんの
ゴロリン
だーい!
また
だれかきた
せかい一《いち》
むずかしい
なぞなぞ
いくぞ!
どうしても
まん中《なか》が
食《た》べられ…
ドーナッツ!
…え
かんたん!
おや
おや?
ほかには
ないの?
…いまのは
じょうだんだい!
こっちに
ついてきな〜
ゴロン
ゴロン

❶ すこしだけ食《た》べられる、あまくておいしいもの、なーに？

❷ くつ屋《や》さんとかぎ屋《や》さんが作《つく》ったおかしは、なーに？

③
クルクル
まかれて
いる
ケーキは、
なーに？
ワッ
④
「ワッ」と
おどかされ、
ふるえている
おかしは、
なーに？
⑤
食事《しょくじ》の
おわりに
でてくる♪
デザートは、
なーに？

ほんとに
かんたんだったね
レストラン
うん！
おなかすいた〜。
ここに
入《はい》ろうよ
へい、
いらっしゃ〜い
メニュー
りょうりの
ちゅうもんを
なぞなぞで
どうぞ！
❶ A《エー》もB《ビー》も
なんでも空《そら》に
とんでいきそうな
おかずがいいな！
❷ おばあ
ちゃんが、
グーをだしながら
半分《はんぶん》だけ作《つく》った
りょうりに
しよう！
❸ 「イス」は「イス」でも
食《た》べたらからい
「イス」に
するわ！
❹ おなかに
ごはんを
のみこんだ「イス」が、
おいしそう！
3どに1回《かい》しか
食《た》べられないヤツで、
きまりだな！
❺

さあ、きたぞーっ！
だれが
なにをたのんだか、
見《み》つけてね
ちゅうもん
してないのも
あるみたい
ぜんぶ
おいしそう

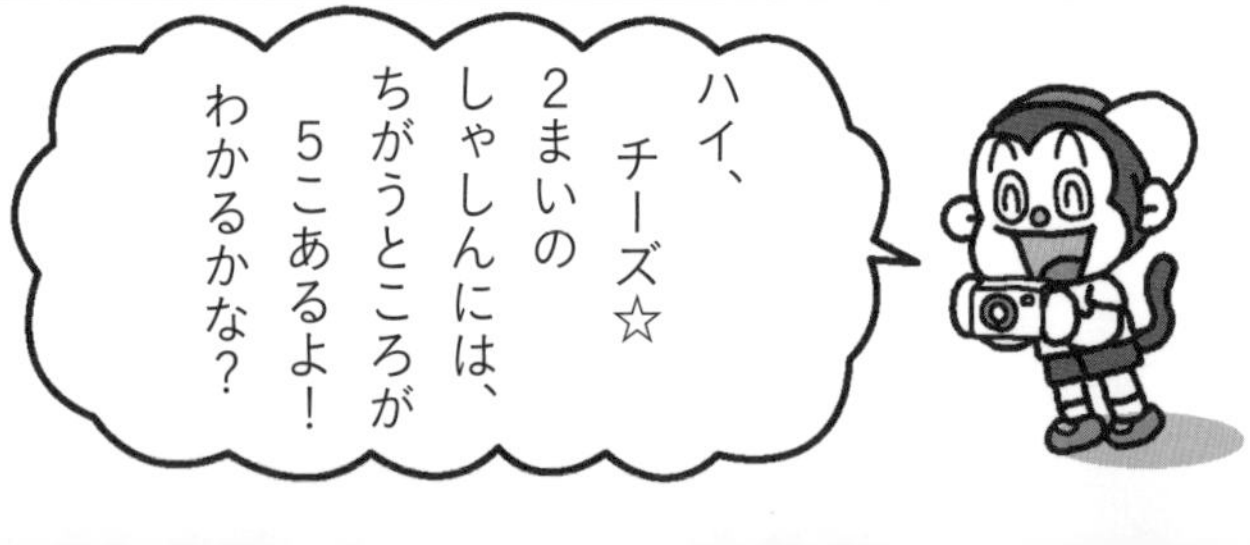
ハイ、
チーズ☆
2まいの
しゃしんには、
ちがうところが
5こあるよ！
わかるかな？

ねえ、おみやげに
パンはいかが？
パンのパンタです！
うん、
いいねぇ！
それでは…
オットット…
ドタ
だいじょぶ？
パンの
しゅるいを
なぞなぞで
おしえて？
クリーム
たっぷり
なので…
おもくて…
171
耳《みみ》があるから、
よぶとへんじを
するパンですぞ！
ハイ
172
人《ひと》から、
まったく
あいてに
されないパンです！
173
アイデアが
いっぱいつまった
パンです！

❶

りょうりには
入《い》れずに、
食《た》べるときに
手《て》でつかう
「ス」って、
なーに？

❷

キッチンで
「4つ食《た》べる！」
といっているのは、
なーに？

またまたとうじょう、
〝アイコンヒント
なぞなぞ〟ですよ。
下《した》の絵《え》をよーく
ごらんあれ！
引《ひ》っかけアイテムには
ごちゅういを～

❸
テーブルに
あらわれる、
やせた
ふたりきょうだい、
なーに？

❹
「ない」といいながら、
ステーキといっしょに
でてくるもの、
なーに？

❺
イヌじゃないけど
「わん」といい、
ごはんを入《い》れて
まつもの、
なーに？

ぼくらはここまでさ
ヤーキー、またね!
このめいろの先《さき》は、あやしげなせかいだよ。がんばって!
へっちゃらだい
その前《まえ》にそれぞれ、みなさんへおみやげです
うわい!
むしゃむしゃむしゃ…
チョット
あやしい国《くに》

チョット
あやしい国《くに》
入《いり》口《ぐち》
スタート
これだね

でられたぞっ
ゴール

ここからはもんすた〜ワールド★★★

174
人《ひと》の首《くび》で
ブラブラしている
「タイ」は、
なーに？

175
ころんだとき、
思《おも》わず口《くち》から
とびだす
「たい」は、
なーに？

ミイラといえば、
やっぱ、ほうたいでしょ！
答《こた》えに「たい」のつく
なぞなぞ、
いくよーっ！

176
いつも
ぎゃくむきに
およぐ「たい」は、
なーに？

177
えんとつのそばに
すんでいる「たい」は、
なーに？

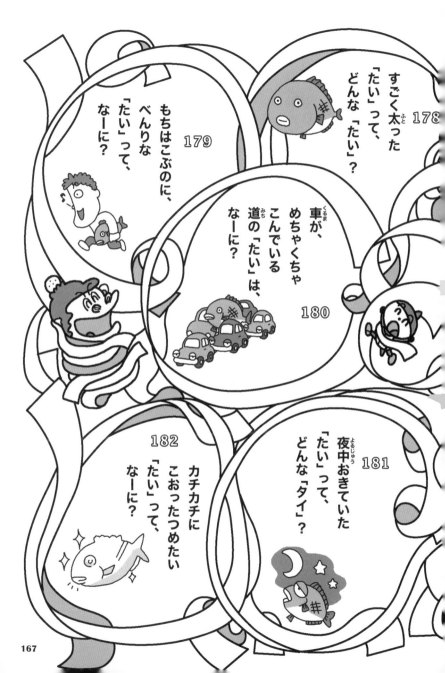

178

すごく太《ふと》った
「たい」って、
どんな「たい」？

179

もちはこぶのに、
べんりな
「たい」って、
なーに？

180

車《くるま》が、
めちゃくちゃ
こんでいる
道《みち》の「たい」は、
なーに？

181

夜中《よるじゅう》おきていた
「たい」って、
どんな「タイ」？

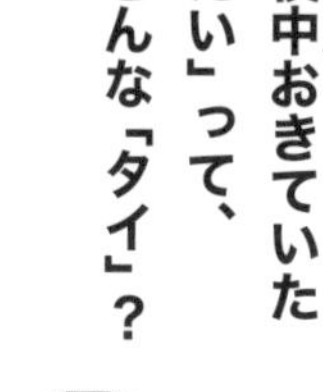

182

カチカチに
こおったつめたい
「たい」って、
なーに？

❶から❹までの
もんだいの答《こた》えを、
絵《え》の中《なか》から
さがしてね！

❶イヤそうに、
空《そら》へ水《みず》をふきあげて
いるもの、どこ？

❷朝《あさ》と夕方《ゆうがた》に、
新《あたら》しいことを
聞《き》かせてくれる
もの、どこ？

❸こごえながら
「は」をうごかして
ものを切《き》るもの、
どこ？

❹人《ひと》がおきるまで
大《おお》さわぎして、
おきたとたん
おとなしくなるもの、
どこ？

ドッカン
ドッカン
なんだなんだ?
うるさいぞ～っ
きゃっ、
あぶない!
ドッカン
ドッカン
んがー
うるさーい! あぶなーい!
ンガ!

183

大《おお》きな声《こえ》で
ブッブッ
いっているもの、
なーに？

184

おとなになっても、
はなをたらしている
どうぶつ、なーに？

185

頭《あたま》に「クジ」を
はりつけて、
海《うみ》をおよぐ
でっかいもの、
なーに？

186

ほしがって
ばかりみたいな
名前《なまえ》だけど、
はたらきものの
車《くるま》、なーに？

187

土《つち》の中《なか》に
うめるとき、
ものすごい音《おと》を
だしそうなもの、なーに？

188

頭《あたま》に「トラ」を
くっつけてはたらく、
にもつをはこぶ
車《くるま》って、
なーに？

189

ブルブル
ふるえていても、
たくさんの土《つち》を
おしていく
力《ちから》もちは、
なーに？

190

道《みち》にとつぜん
あらわれて、
とうせんぼする
「め」は、なーに？

191

こうじげんばで、
キツネが
こねているもの、
なーに？

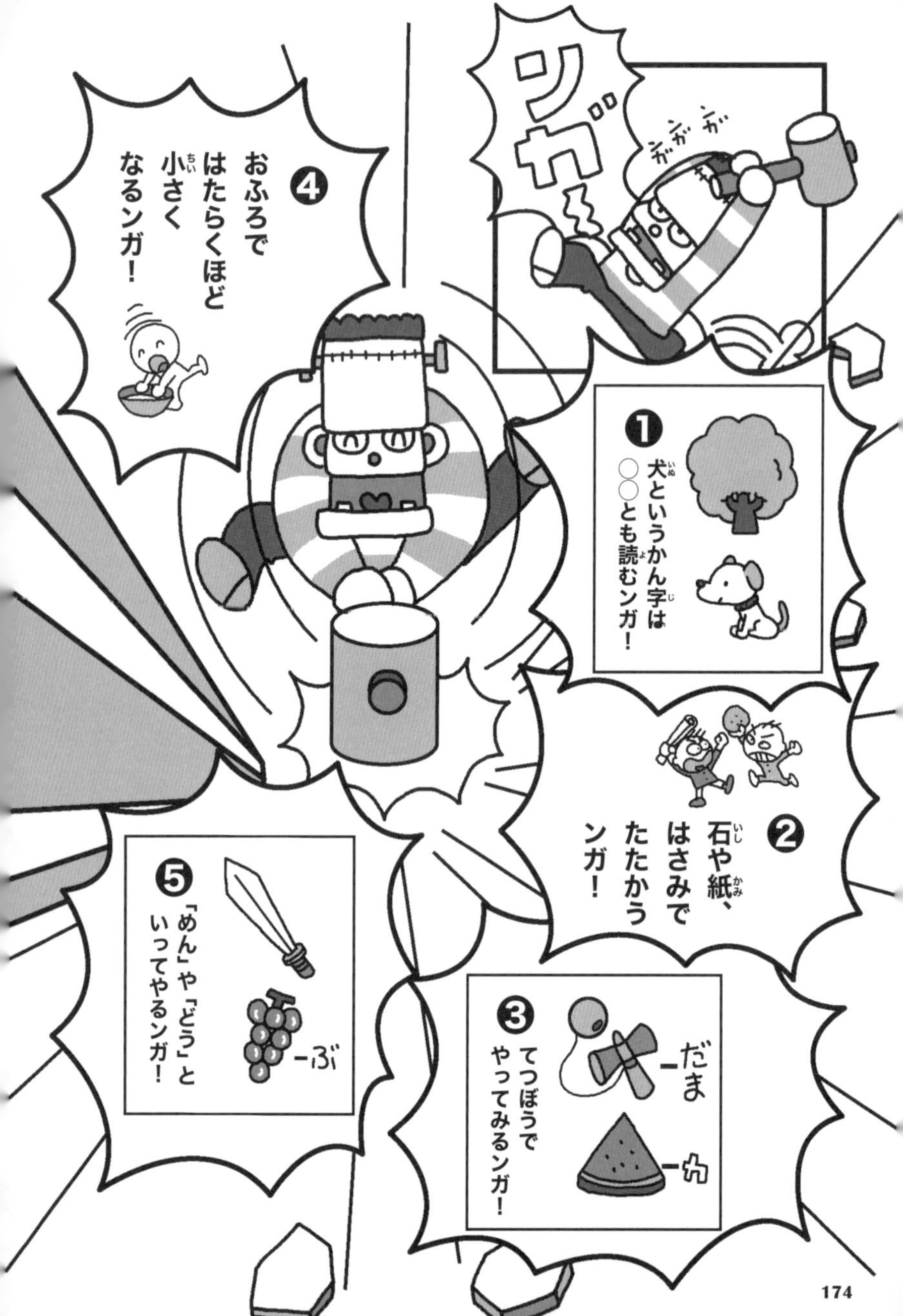

ンガ〜
ンガンガンガ
❶
犬《いぬ》というかん字《じ》は○○とも読《よ》むンガ!
❷
石《いし》や紙《かみ》、はさみでたたかうンガ!
❸
てつぼうでやってみるンガ!
ーだま
ーカ
❹
おふろではたらくほど小《ちい》さくなるンガ!
❺
「めん」や「どう」といってやるンガ!
ーぶ

ナ	イ	シ	タ	カ	セ	カ
カ	ゴ	ズ	キ	ス	ッ	ー
ジ	ャ	ン	ケ	ン	ケ	ギ
キ	ケ	マ	ン	キ	ン	コ
ケ	ン	ス	イ	ト	ラ	コ
プ	ド	ミ	ミ	ズ	ン	ア
ン	ウ	ペ	ン	ギ	ャ	ト

あれ？
きゅうに
おとなしくなった
アンタ、
ほんとに
うるさいヨ
んが
ピッ
まったく
こんなに
ちらかして。
そうじしヨ
ぴょこたん
こんにちは
フランケンに
まほうをかけた
キミ、だぁれ？
くるっ
アタシはねー……
プリティな
まじょりん！
ひゃあ
へんしん
したっ
くるり

さーて、〝おそうじなぞなぞ〟さっさといくわョ！
192
細《ほそ》い体《からだ》で、足《あし》は毛《け》だらけのきれいずき、なーに？
193
ギュッとしぼられ、なみだをながしてはたらくもの、なーに？
194
「とり」がゴミばかりあつめるもの、なーに？

すてるものばっかり
あつめる「はこ」って、
なーに？
195
196
ゴシゴシあらうには
こいつがいちばん！
た

197

せなかで
ゴミを食《た》べて
町中《まちじゅう》をまわる車《くるま》は、
なーに？

198

電気《でんき》も食《た》べれば、
ほこりも
食《た》べるもの、
なーに？

んじゃ
また会《あ》おうね!
楽《たの》し
かったヨ
ポン
つぎはオレに
つきあいな!
スタ
スタ
オオカミ男《おとこ》さんだ!
見《み》てたけど、
なかなか
やるじゃん
ヒューーッ!
オオカミ男《おとこ》さん、
かっこいい!
すてき
イェイ
イェイ
サンキュ☆
カッコイイ!
ステキ!
キャー
おすわり!
お手《て》!
ワン
ワン
あ…まだ
いたの?

しまった！
つい、なついてしまったぜっ！
〝うちゅうなぞなぞ〟いくぜっ！
ポチ
199
おどろきながらながれていく星《ほし》は、なーに？
200
ものをかりるとき、えらそうにする星《ほし》は、なーに？

〝ことば作《づく》り
なぞなぞ〟だぜ！
❶から❹のなぞなぞの、
答《こた》えのさいしょの文字《もじ》を
ロケットのまどに入《い》れると、
どんなことばになるか
わかるか～い？
❶
口《くち》からとびだす
見《み》えない首《くび》って
なーに？
❷
ふとんの
上《うえ》にいるけど、
頭《あたま》の下《した》に
なるもの、
なーに？

❶
❷
❸
が
❹
❸いつもいつも
ペンやえんぴつに
よごされる白《しろ》い顔《かお》、
なーに？
わっ
❹「ワッ」と
おどろいてから
なげるあそびって、
なーに？

いそがし いそがし
こんどは ドラキュラ さんだ
あ～ いそがし いそがし
いそがし いそがし いそがし
ワタクシは チョ～いそがしい のであるからして、みんなでパッパと〝赤《あか》いものなぞなぞ〟やっちゃって～！
わかったよ。すぐできるよ！

201

高《たか》いところで、
目《め》の色《いろ》を
かえて
車《くるま》を
見《み》ているもの、
なーに？

202

もらっても、
ちっとも
うれしくない
さいあくの
「カード」って、
なーに？

203

「かき」は
「かき」でも
火《ひ》をけして
しまう「かき」
って なーに？

あ～もう、いそがし いそがし！赤《あか》い答《こた》え、まだまだありますよ。いそがしくってワタクシ、血《ち》をのむヒマもありません！
204
秋《あき》に赤《あか》くなる手《て》の形《かたち》、なーに？
205
じんじゃの入《いり》口《ぐち》に立《た》つ、大《おお》きな「とり」は、なーに？
206
手《て》紙《がみ》やはがきをのみこむ、赤《あか》いおばけは、なーに？

207

春《はる》の花《はな》の
名前《なまえ》をもつ、
かわいい
ふたご、
なーに？

208

「たいこ」
なのに
音《おと》をださず、
からーいのは、
なーに？

209

かぜを
ひいた
ごはんって、
なーに？

210

かがやくような
名前《なまえ》の魚《さかな》は、
なーに？

ワタクシからの
ラストもんだいは
〝しりとりめいろ〟。
ドラキュラの「ラ」から
スターァァアト！
スタート

ゴール
あ〜、いそがしかった!

ここからは春《はる》夏《なつ》秋《あき》冬《ふゆ》ワールド★★★

❶わかいときは
黄色《きいろ》いぼうし、
としをとると
わたぼうし。

❷これ、なーに？
「クラ」といっても、
ものは入《い》れられない
きれいにさく「クラ」は、
なーに？

❸1と5で作《つく》られた
くだもの、なーに？

❹じめんからでてくる、
かわいい「クシ」
って、なーに？

❺鳥《とり》の赤《あか》ちゃんの
おまつりかと思《おも》ったら、
お人形《にんぎょう》がかざられた。
これ、なーに？

“春《はる》のなぞなぞ”だ。
下《した》の絵《え》の中《なか》から
答《こた》えを
えらぶんだな〜

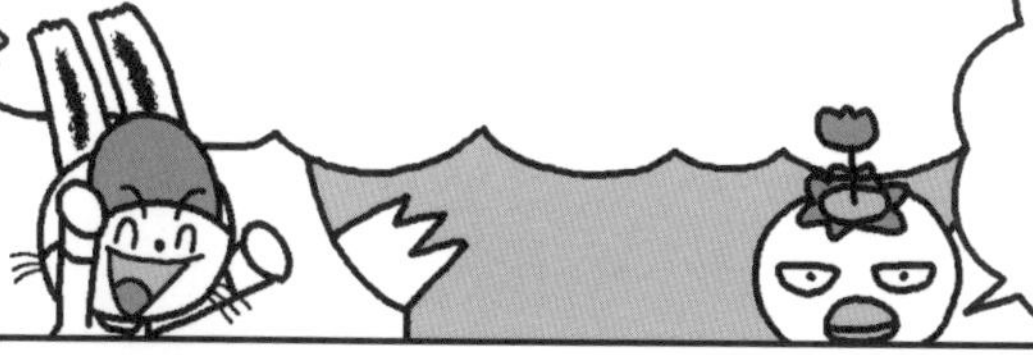

211 (答《こた》えは) 新《しん》がっき
① にげだす
② さくと
③ サクラが
④ なみは？
⑤ がっきは？
"つなぎ花《はな》びら なぞなぞ"！ ことばをつなぐと 211と212の答《こた》えになるよ。 ①から⑩の中《なか》から 4つずつえらんで、 なぞなぞを作《つく》ってな〜。 引《ひ》っかけことばも まざっているんだな〜

⑥ 学校《がっこう》で
⑦ おしよせる
⑧ 音楽《おんがく》と
⑨ 新《あたら》しい
⑩ 音《おと》のでない
212
(答《こた》えは花見《はなみ》)

213

つめたい山《やま》に、
ピンクや水色《みずいろ》の雨《あめ》が
ふるもの、
なーに？

214

すなはまで
やくのに、
火《ひ》もけむりも
でないもの、なーに？

215
バーベキューや、
キャンプに
もっていく
「ドア」、
なーに？
216
おしりを
光《ひか》らせて、
ふわふわとぶ
「タル」って、
なーに？
217
あなが
あいても、
水《みず》にうかぶ
もの、なーに？

218

木《き》にとまって
鳴《な》きだす
「ミ」って、
なーに？

219

夏《なつ》になると、
ぐんにゃりでてくる
つかれた「て」
って、なーに？

220

カレンダーの、
いちばん上《うえ》に
とまっている虫《むし》は、
なーに？

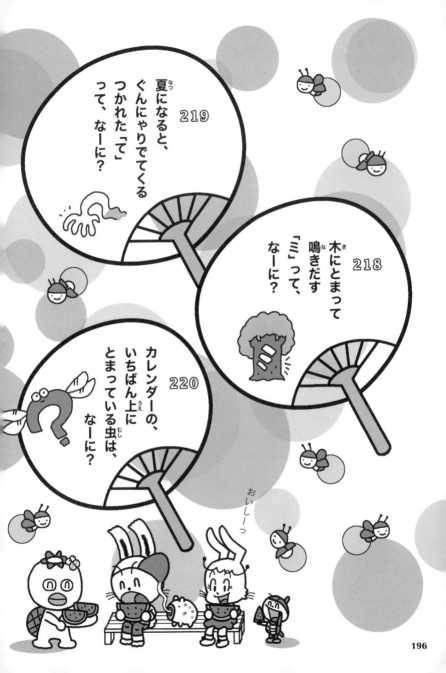

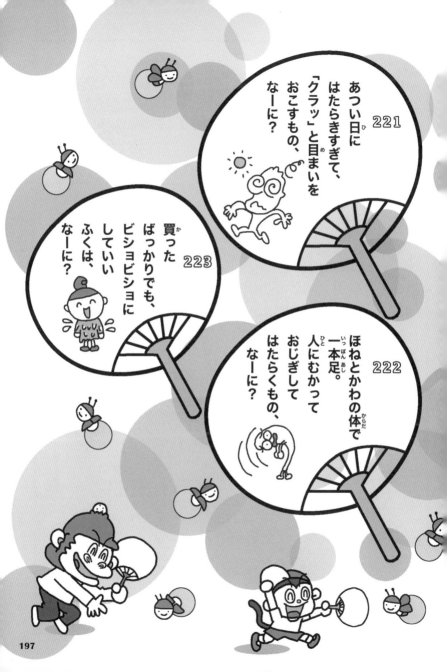

221

あつい日《ひ》に
はたらきすぎて、
「クラッ」と目《め》まいを
おこすもの、
なーに？

222

ほねとかわの体《からだ》で
一《いっ》本《ぽん》足《あし》。
人《ひと》にむかって
おじぎして
はたらくもの、
なーに？

223

買《か》った
ばっかりでも、
ビショビショに
していい
ふくは、
なーに？

まちがいさがしだね！

右《みぎ》の絵《え》と左《ひだり》の絵《え》では、ちがうところが７こあるよ。

夏《なつ》ということで
おばけやしきだ！
…ややや！
もんすた〜の
みんなが、
またあらわれたよ。
こわくはないけど、
おどかさないで〜。
うひぃ〜！

224
秋《あき》になると
野原《のはら》で
おいでおいでするもの、
なーに？
225
森《もり》の中《なか》で、
まっているだけの
キノコって、
なーに？
夏《なつ》がおわれば
秋《あき》がくるよな〜。
虫《むし》の声《こえ》を聞《き》きながら、
なぞなぞ
いってみよ！

226
木《き》がおとして、
風《かぜ》がおどらせる
もの、なーに？
227
トゲトゲのふくを
きた、山《やま》にすむ
茶色《ちゃいろ》い子《こ》、
なーに？
228
「たき」と
よばれるのに
川《かわ》も水《みず》もなくて、
パチパチ
あついもの、
なーに？

うんどう会《かい》よ！
スタートから
ゴールにいけるのは
だれかしら？
ゴールしたら、
カッパさんの
「おまけ」も
やってみて〜！
スタート

◉おまけ◉

もんだい① 白《しろ》い玉《たま》は なんこかな～？

もんだい② にほんのはたは どこにあるかな～？

もんだい③ ペンギンを 見《み》たらおしえてな～

いよいよ冬《ふゆ》である！
〝アイコンヒント　なぞなぞ〟だな〜。
ニセのアイコンも　あるから、
気《き》をつけて　答《こた》えるんだな〜

❶
雪《ゆき》の日《ひ》に、
ころがるたびに
大《おお》きくなる
丸《まる》いやつ、
なーに？

❷
さむくなると
人《ひと》の首《くび》に
まきついちゃう
もの、なーに？

❸

人《ひと》の手《て》を
丸《まる》のみにして
しまう、
あったかい
ふくろは、
なーに？

❹

冬《ふゆ》になると
人《ひと》の足《あし》を
のみこむ、
ふとんの
おばけは、
なーに？

❺

冬《ふゆ》の朝《あさ》、
じめんから
立《た》ちあがる、
ぶきみな
はしらは、
なーに？

229

お正月《しょうがつ》に
おちてくると、
うれしい「玉《たま》」って、
なーに？

230

ミソをたくさん
つんだ車《くるま》が
走《はし》るのは、
いつでしょう？

231

新年《しんねん》になると、
家《いえ》の「かど」で
まっているもの、
なーに？

232

お正月《しょうがつ》に、
ゾウが2ひきで
食《た》べているもの、
なーに？

冬《ふゆ》のなぞなぞは、
もっとあるな〜！
あとすこし、
がんばって
ほしいな〜！

233

海《うみ》の中《なか》でスミを
だすものと
同《おな》じ名前《なまえ》で、
空《そら》に上《あ》がって
糸《いと》をだすもの、
なーに？

234

冬《ふゆ》に「ブ」っと、おならを
しながらもえて
いるもの、
なーに？

235

左右《さゆう》さかさに、
ものまねをして
くれそうな
「もち」って、なーに？

236

雪《ゆき》で作《つく》った家《いえ》なのに
「まくら」とよばれる
もの、なーに？

ぴょこたーん！
おつかれさまーっ！
お！ つぎは
だれだろう？
あは！
みんなが
きたよ！
さいごの〝なぞなぞめいろ〟は、
みんなからの、もんだいですよ
よぉし！
はりきって
いってくるーっ！

さいごになると書《か》かれるもの、なーに？
にがお絵《え》
イラスト
スタート
おわりが、はじまりになるゲームは、なーに？
すごろく
しりとり
✕
このめいろでは、なぞなぞの正《ただ》しい答《こた》えの道《みち》を進《すす》むんだね！

話《はなし》がおわると、
かならず切《き》られて
しまうもの、なーに？

電話《でんわ》 | ゆび切《き》り

✕

さいごに、
かならず
イノシシが
でてくるものって、
なーに？

十二支《じゅうにし》 | 星座《せいざ》

トイレで
クルクル回《まわ》りつづけ、
おしまいに
「しん」になっちゃう
もの、なーに？
うんち
トイレットペーパー
×
バイバイと
手《て》をふってくれる
「くり」って、
なーに？
そっくり
見《み》おくり
×

ゴール

れんぞくドラマで、一番《いちばん》さいごにでてくる「かい」って、なーに？

おわかれ会《かい》

さいしゅう回《かい》

一日《いちにち》のおわりになると、やけてくるもの、なーに？

やきイモ

夕《ゆう》やけ

あれれ？
ひとり？
ドカン
んが
わーい！
みんな、ありがとう。
楽《たの》しかったよ、
ふしぎワールド！
またいっしょに
あそんでねーっ！！！

p14・15

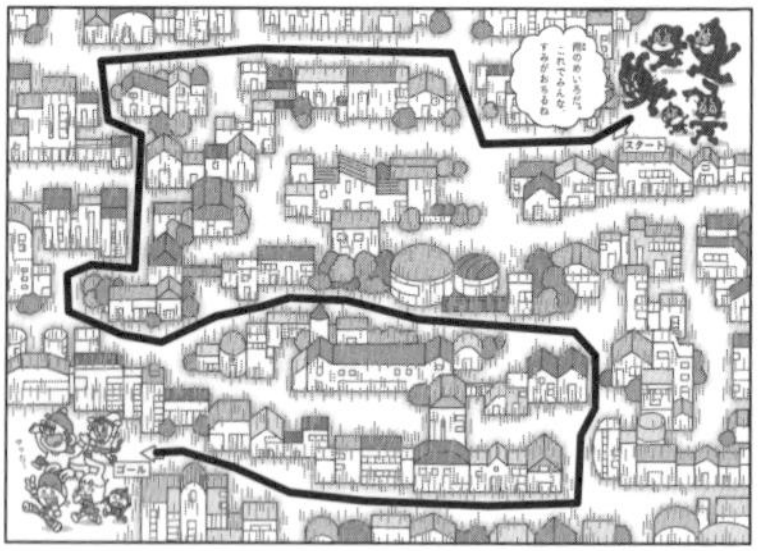

p18・19

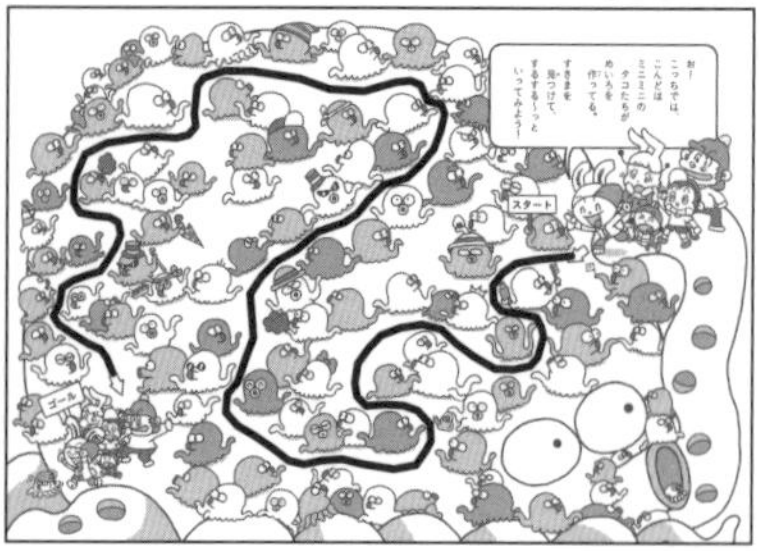

p6〜↓

1リンゴ　2カエル　3テントウムシ　4ウシ　5カメレオン　6カメラ　7ワカメ　8カモメ
9仮面《かめん》　10黒板《こくばん》　11かげ　12えんぴつ　13水《すい》ぞくかん　14ふろ　15たき　16みずうみ(見《み》ず海《うみ》)
17海《うみ》　18雨《あめ》　19ふでばこ　20だんボールばこ　21ひきだし　22花《か》びん　23ちきゅうぎ　24ボウリング
25ゴルフ　26コンパス　27DVD《ディーブイディー》(ブルーレイ)　28つりかわ　29まん月《げつ》　30スイカ　31ハンドル
32たいよう　33くつ下《した》　34リボン　35スリッパ　36セーター　37ぼうし　38ズボン　39竹馬《たけうま》　40毛虫《けむし》
41チャーハン　42山火事《やまかじ》　43まちがい(マッチがイ)　44ほうき星《ぼし》　45うずまき　46あみ戸《ど》
47「つぎは　うみのなかで　もんだい　だすぞう!」　48モノレール(モ〜のれる)　49さいころ
50こいのぼり　51オルゴール

p46〜↓

52ひこうき　53雲《くも》　54にじ　55ニワトリ　56星座《せいざ》(正座《せいざ》)　57ひこう船《せん》　58気《き》きゅう　59スズメ(進《すす》め)
60けむり　61わりばし　62たまごやき　63くちばし　64はねぶとん　65カラス(枯《か》らす)　66花火《はなび》
67千羽鶴《せんばづる》　68フクロウ(吹《ふ》くろう)　69すもうとり　70かるたとり　71うっとり　72しりとり
73コトリ(小鳥《ことり》)　74ひとり　75あやとり

p66〜↓

76「ぴょこたん　ようこそ　くもの　せかいへ」　77風船《ふうせん》　78わたあめ　79くもり　80空気《くうき》
81シャボン玉《だま》　82えんとつ(2《ツー》)　83風車《ふうしゃ》　84アンテナ　85たいふう　86雨雲《あまぐも》　87ふぶき　88かさ
89雨《あま》もり(森《もり》)　90雪《ゆき》　91いなづま　92天気《てんき》よほう　93小川《おがわ》　94かがみ　95にがい　96うがい　97はがき
98カーペット　99ノコギリ　100ペンギン　101トランプ　102カーテン　103アグラ
104やきゅうのグローブ　105カバン　106サボテン(さぼって)　107トンボ(豚《トン》)　108時計《とけい》　109おにぎり
110バケツ・　111いす　112じょうろ

p92〜↓

113モグラ　114かいちゅうでんとう　115アリ(ありっ?)　116かいだん(怪談《かいだん》)　117はしご(5)
118じめん　119ろうか(老化《ろうか》)　120トンネル　121だんご(5)　122 8(ハチ)　123スカンク(好《す》かん9《く》)

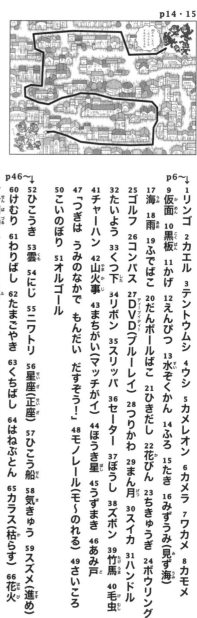

p24・25

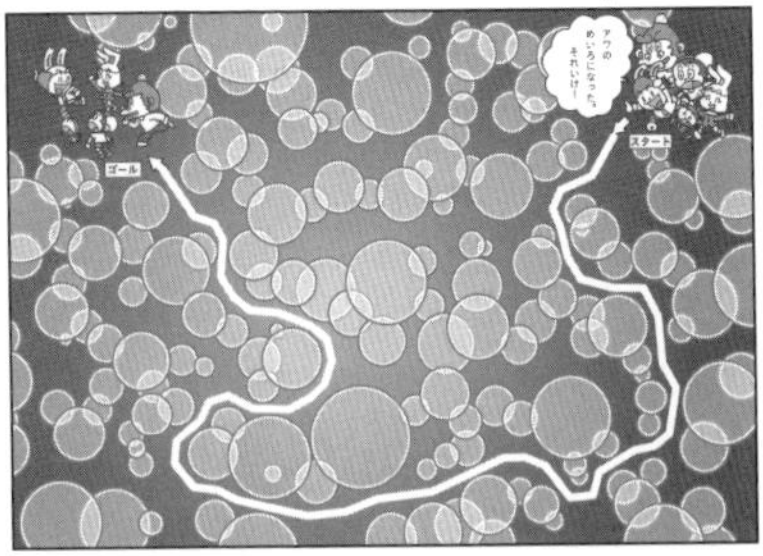

p20・21

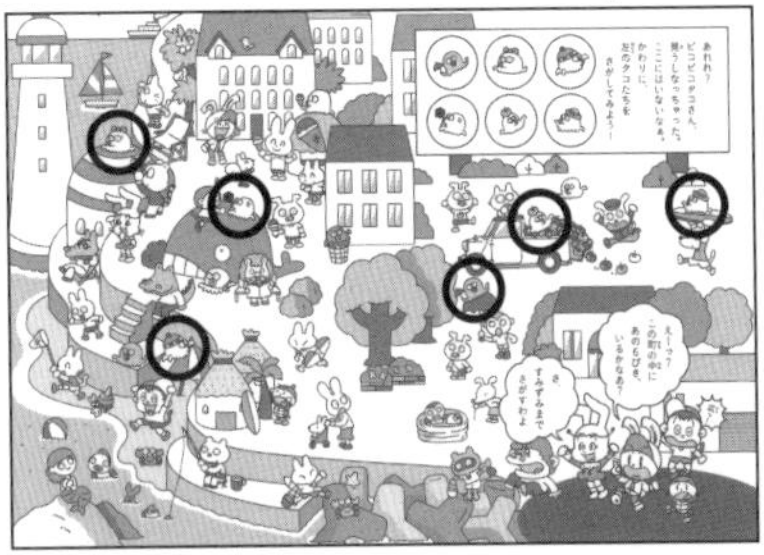

p34・37

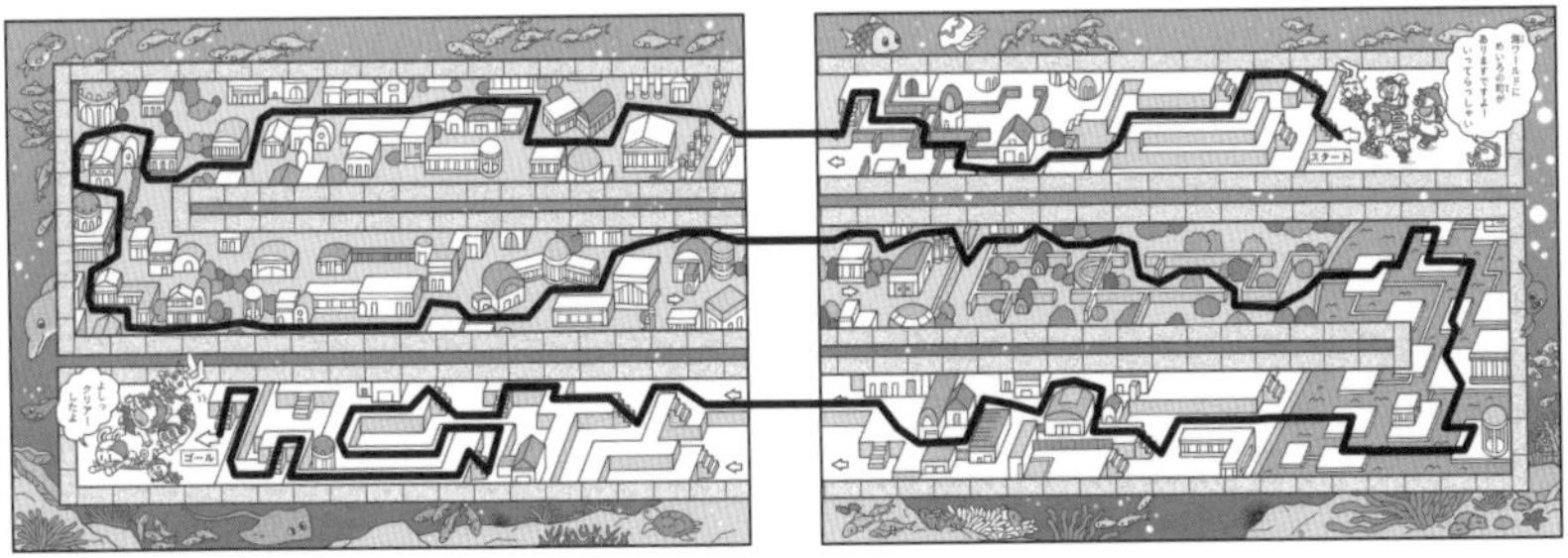

p38・39

ヒトデ❶

クラゲ❷

イルカ❸

長《なが》ぐつ❹

カニ❺

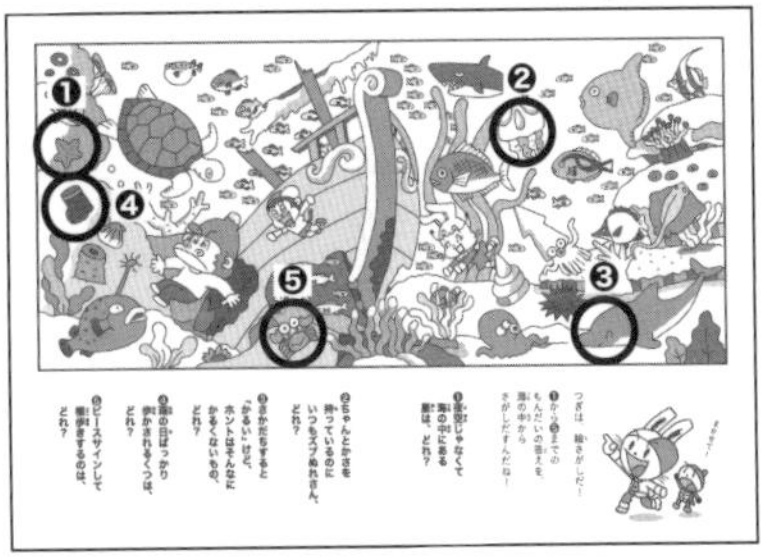

p42・45

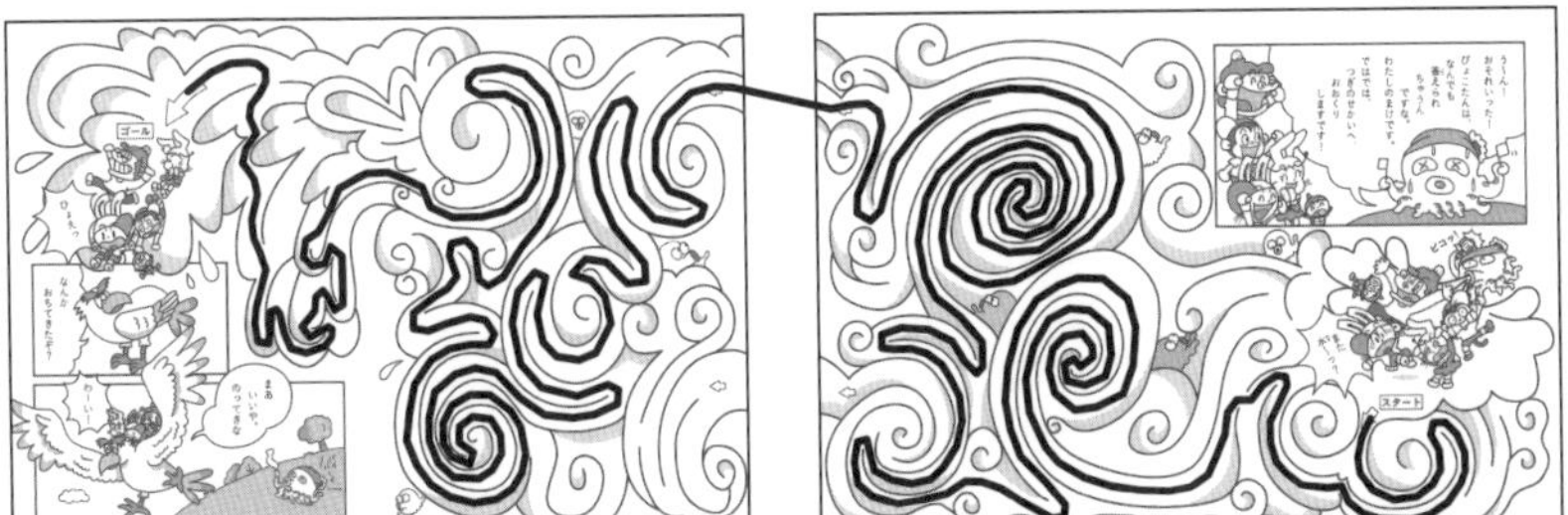

p50・51

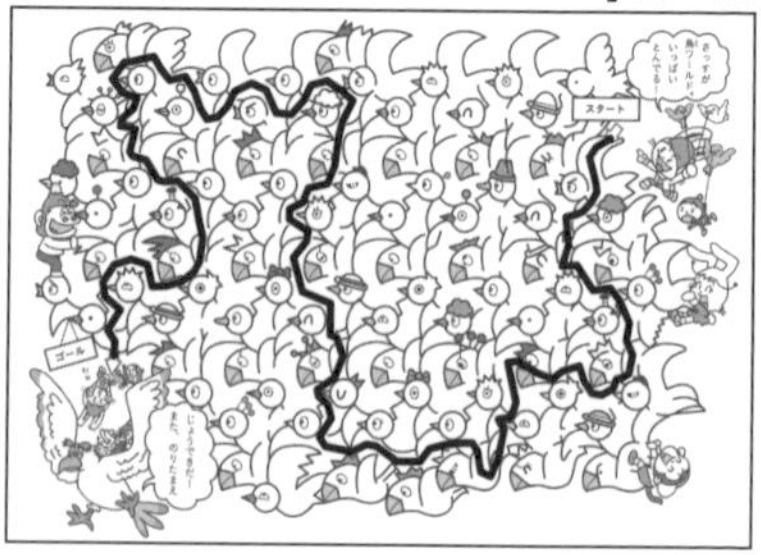

p52・53

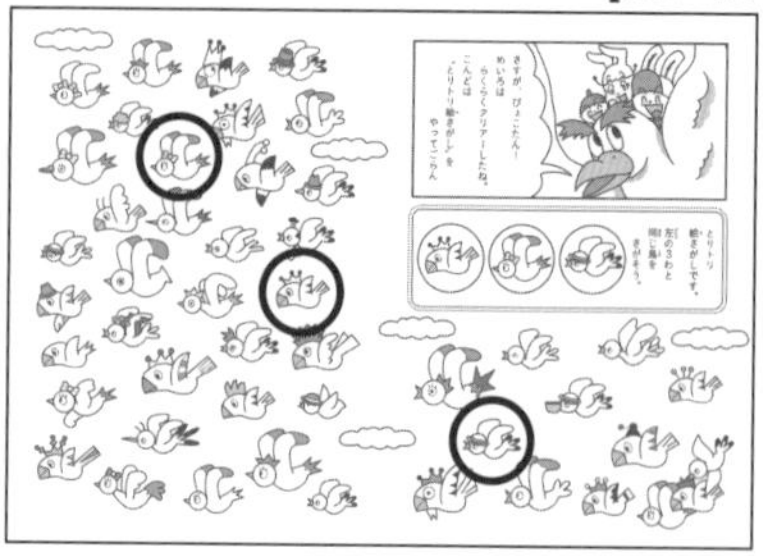

p105〜↓

124 ジュース(10)
125 エレベーター
126 シーソー
127 気温《きおん》
128 草《くさ》むら
129 オジギソウ
130 道草《みちくさ》
131 ろうそく
132 ⑦①②⑨トランプの 中《なか》にある 四角《しかく》い形《かたち》の 赤《あか》いもの
133 ③⑩⑥⑤思《おも》わず 見《み》とれる ピカピカした 石《いし》のなかま
134 かぎ
135 キノコ
136 切手《きって》
137 キリン
138 キャベツ
139 トマト
140 レタス(0足《た》す)
141 ニンジン
142 ハクサイ
143 ナス
144 ホットドッグ(犬《ドッグ》)
145 ちらしずし(チラ4《し》)
146 チーズ(地図《ちず》)
147 かけそば

p135〜↓

148 だいふく(服《ふく》)
149 かりんとう
150 どらやき
151 カステラ
152 みつまめ(3《みっ》つ)
153 ゴーフル(GO《ゴー》ふる)
154 ラスク(ラスト9《く》)
155 ホットケーキ(ほっ)
156 ショートケーキ
157 プリン
158 ソフトクリーム(祖父《そふ》と)
159 バームクーヘン
160 キツツキ
161 つきあたり
162 うそつき
163 かねつき
164 やみつき
165 お手《て》つき
166 さつき
167 頭《ず》つき
168 きゅうけつき
169 つきそい
170 もちつき
171 食《しょく》パン
172 むしパン(無視《むし》)
173 あんパン(案《あん》)

p166〜↓

174 ネクタイ
175 いたい!
176 はんたい
177 けむたい
178 重《おも》たい
179 けいたい
180 じゅうたい
181 ねむたい
182 かたい
183 大《だい》ぶつ
184 ゾウ
185 クジラ
186 クレーン車《しゃ》(くれ!)
187 どかん(ドカン!)
188 トラック
189 ブルドーザー
190 つうこうどめ
191 コンクリート
192 ほうき
193 ぞうきん
194 ちりとり
195 ゴミばこ
196 たわし
197 せいそう車《しゃ》
198 そうじき
199 ハレーすい星《せい》(はれーっ!)
200 火星《かせい》(貸《か》せぃ!)
201 しんごうき
202 レッドカード
203 しょうかき
204 モミジ
205 とりい

p60・63

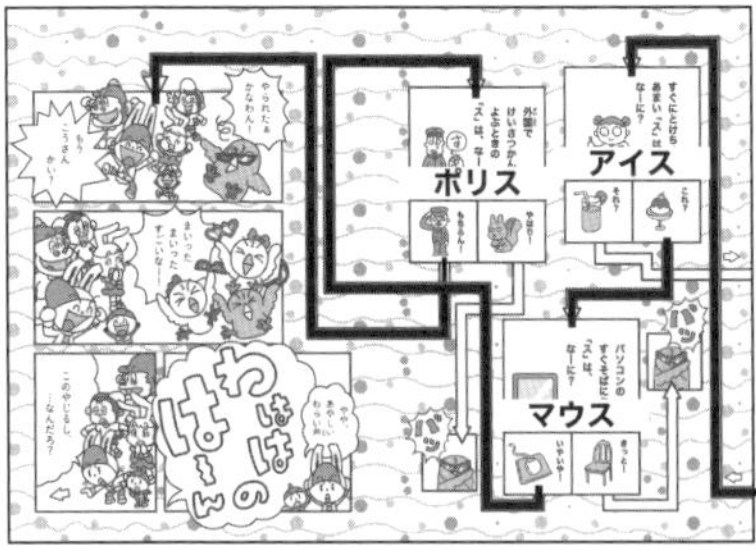

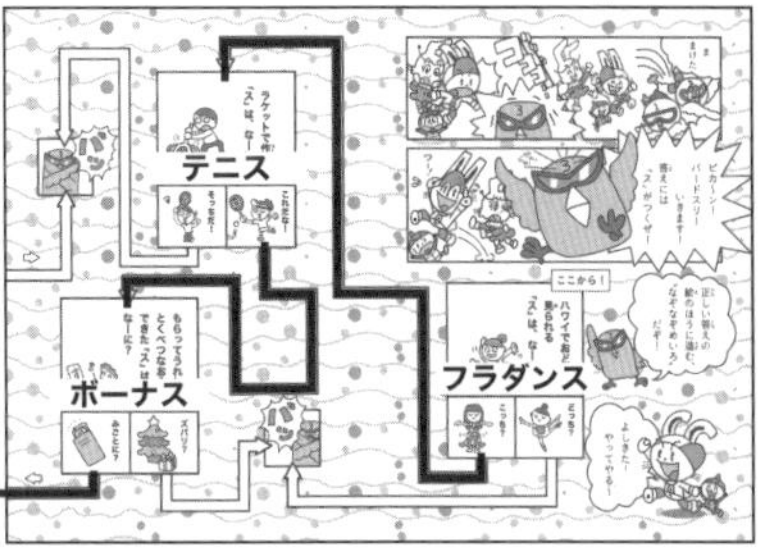

p64・65

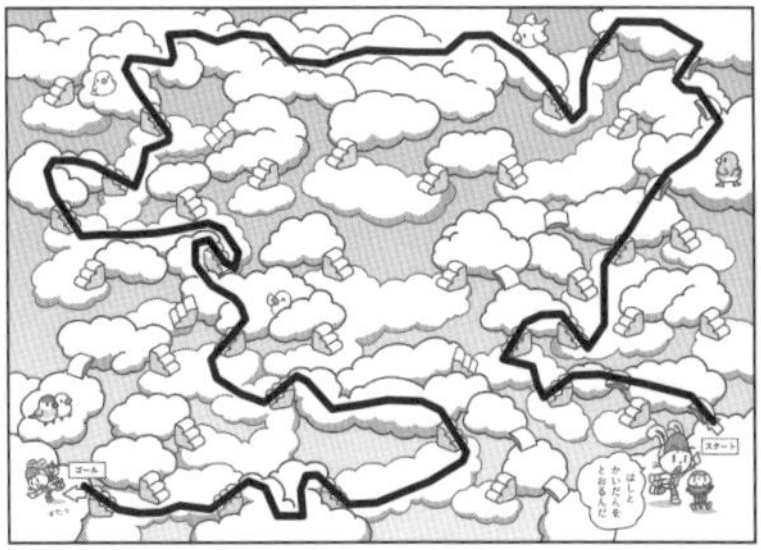

p80・81

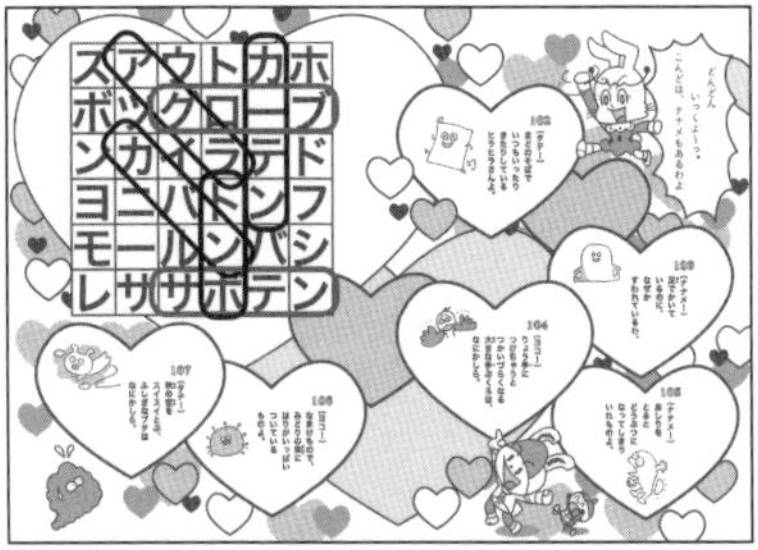

p78・79

p83・86

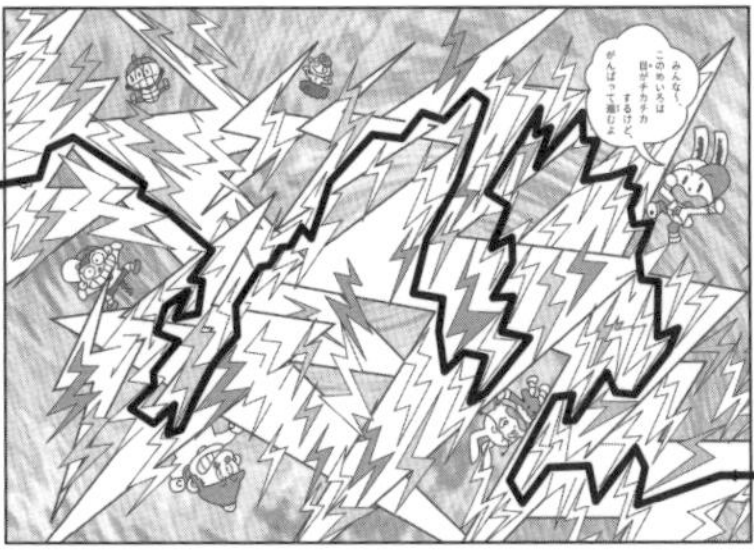

p88・89

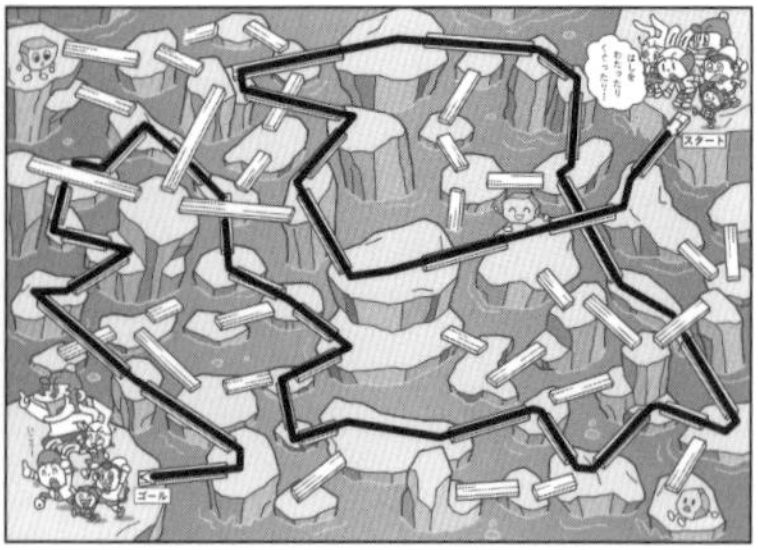

p87

p95・101

p108・112

p186～↓

206 ポスト 207 サクランボ 208 めんたいこ 209 赤《せき》はん 210 金《きん》魚《ぎょ》

211 ⑥⑨⑩⑤学《がっ》校《こう》で 音《おと》のでない 新《あたら》しい がっきは？

212 ③②⑦④サクラが さくと おしよせる なみは？

213 かきごおり 214 日《ひ》やけ 215 アウトドア 216 ホタル 217 うきわ

218 セミ 219 夏《なつ》バテ（手《て》） 220 カ 221 クーラー 222 うちわ

223 水《みず》着《ぎ》 224 ススキ 225 マツタケ（まつだけ） 226 おちば 227 クリ

228 たき火《び》 229 おとし玉《だま》 230 大《おお》みそか 231 かどまつ

232 ぞうに（ゾウ2《に》） 233 たこ 234 ストーブ 235 かがみもち

236 かまくら

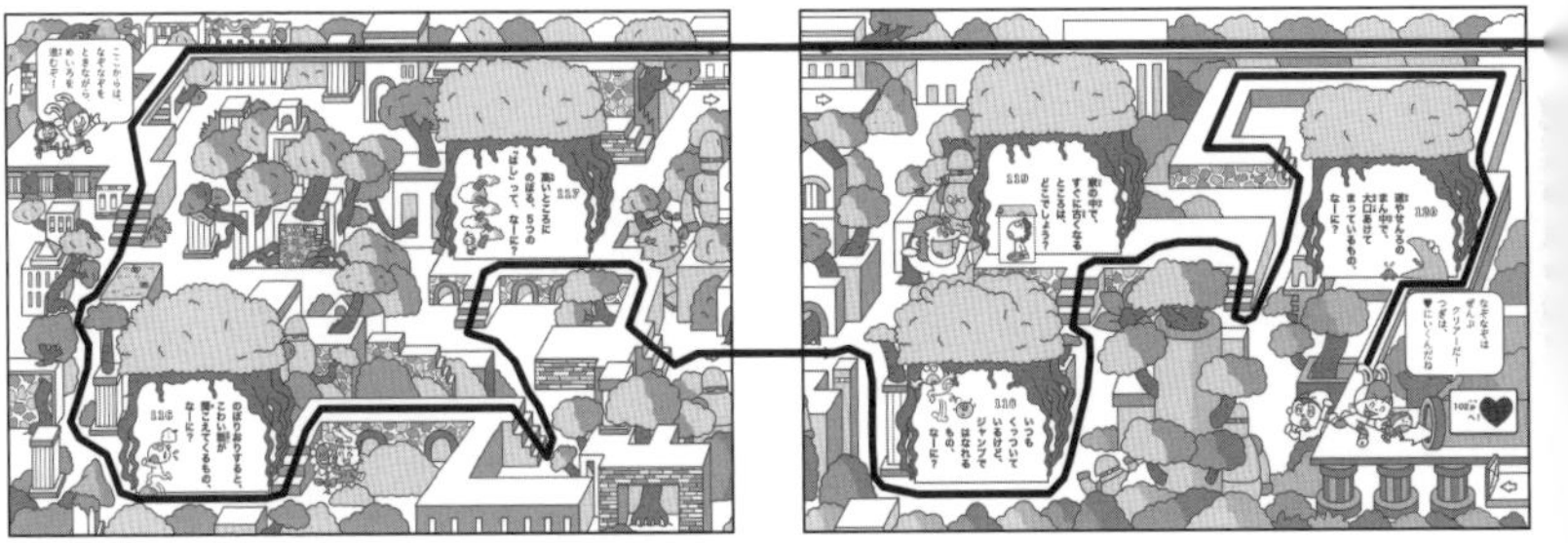

p113

p118・120

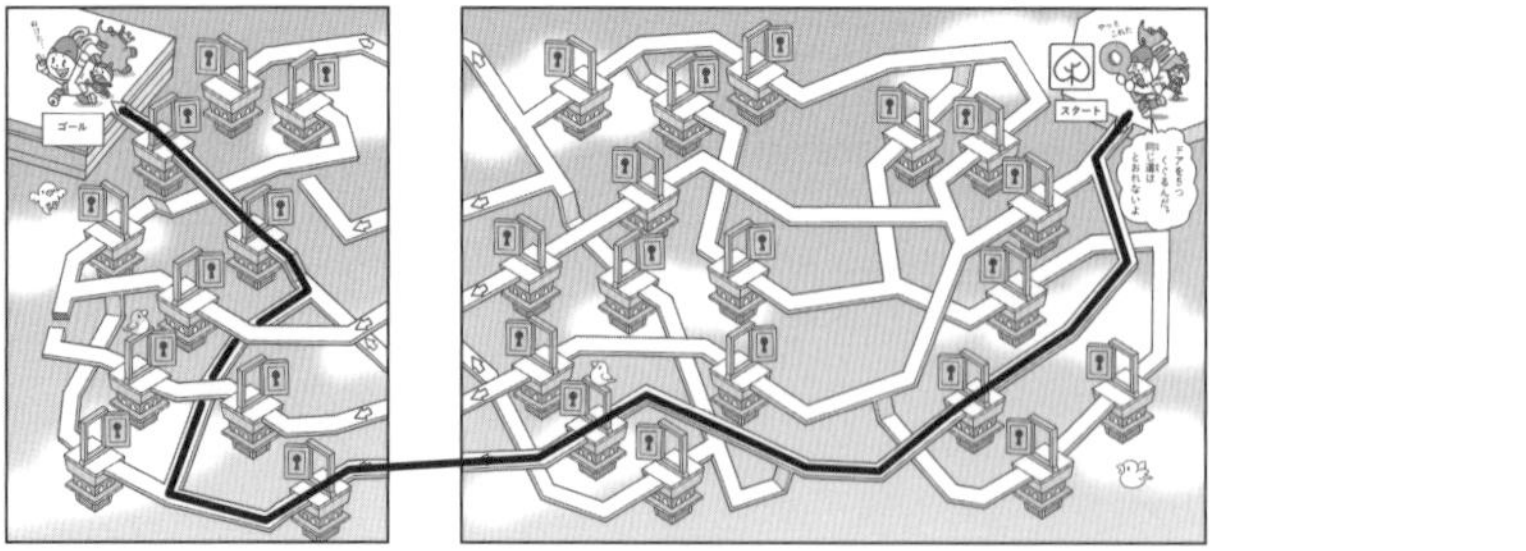
ゴール
スタート

p140下《した》

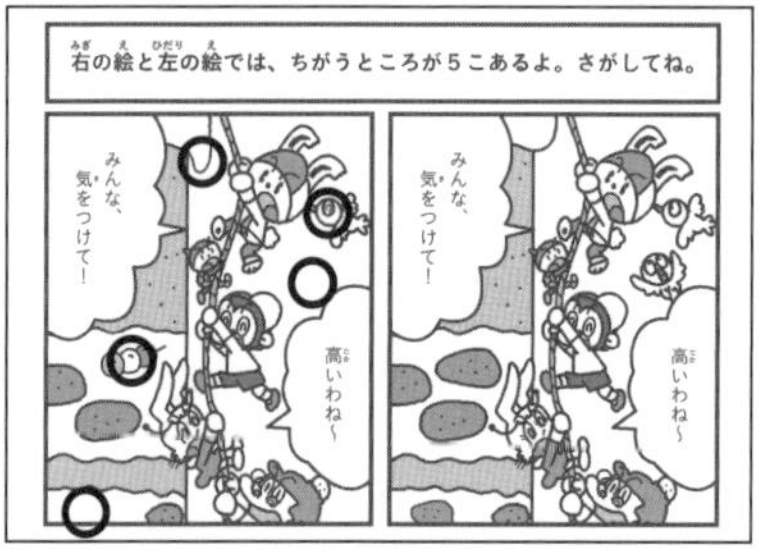
右《みぎ》の絵《え》と左《ひだり》の絵《え》では、ちがうところが５こあるよ。さがしてね。
みんな、気をつけて！
高いわね～
みんな、気をつけて！
高いわね～

p140上《うえ》

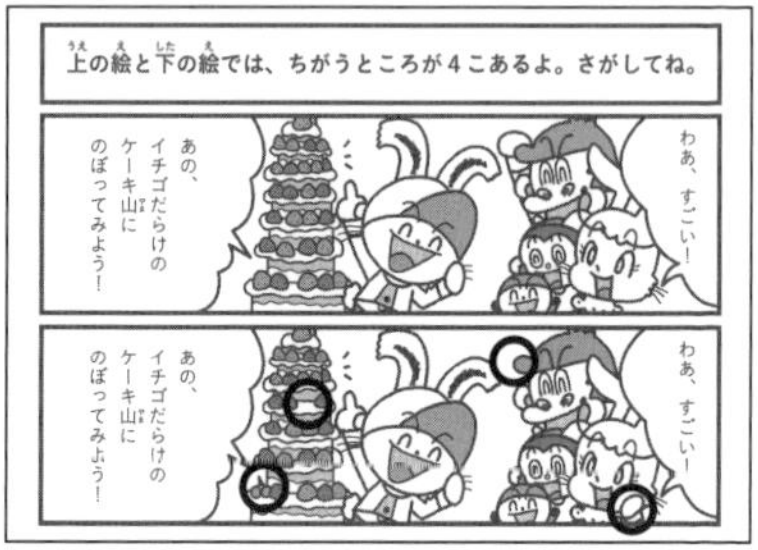
上《うえ》の絵《え》と下《した》の絵《え》では、ちがうところが４こあるよ。さがしてね。
わあ、すごい！
あの、イチゴだらけのケーキ山にのぼってみよう！
わあ、すごい！
あの、イチゴだらけのケーキ山にのぼってみよう！

p148・152

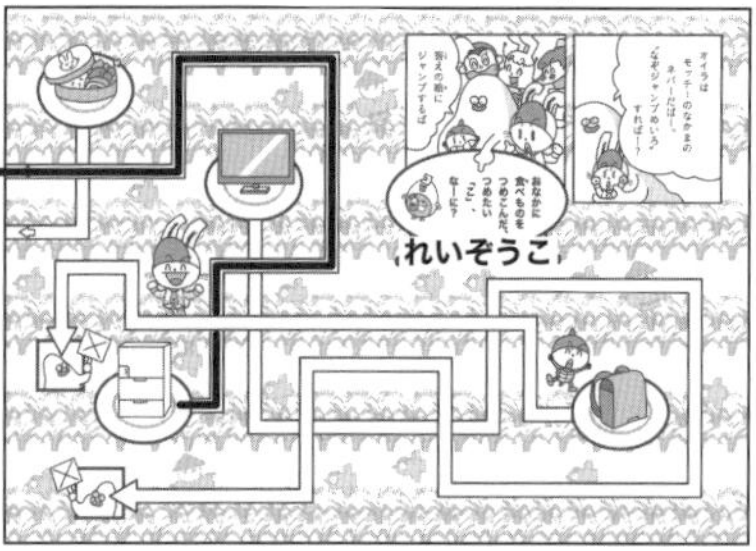
れいぞうこ

p154・155

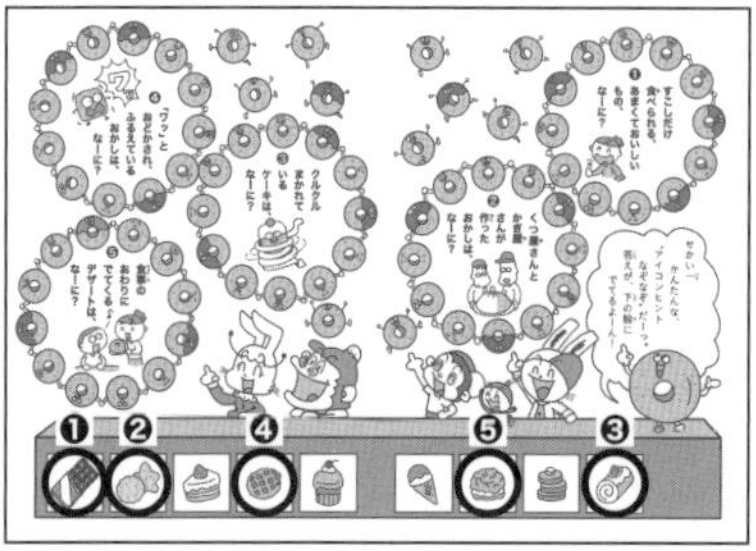

❶チョコ
（ちょこっ）

❷クッキー
（くつ・キー）

❸ロールケーキ

❹ワッフル

❺シュークリーム

（終《しゅう》）

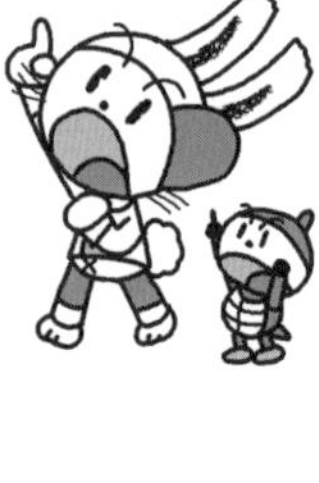

p138・139

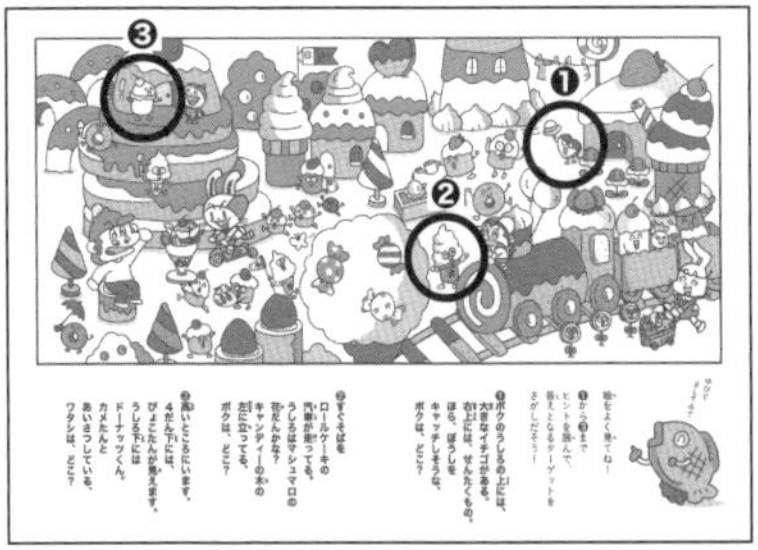

p126・127

（答《こた》え）はい　どうぞ
①とりはだ
②いやりんぐ
③ねんど
④うぐいす
⑤ひざこぞう

p141下《した》

右《みぎ》の絵《え》と左《ひだり》の絵《え》では、ちがうところが5こあるよ。さがしてね。
やったー！いただきます

p141上《うえ》

右《みぎ》の絵《え》と左《ひだり》の絵《え》では、ちがうところが3こあるよ。さがしてね。
あと ちょっとよ
へとへと

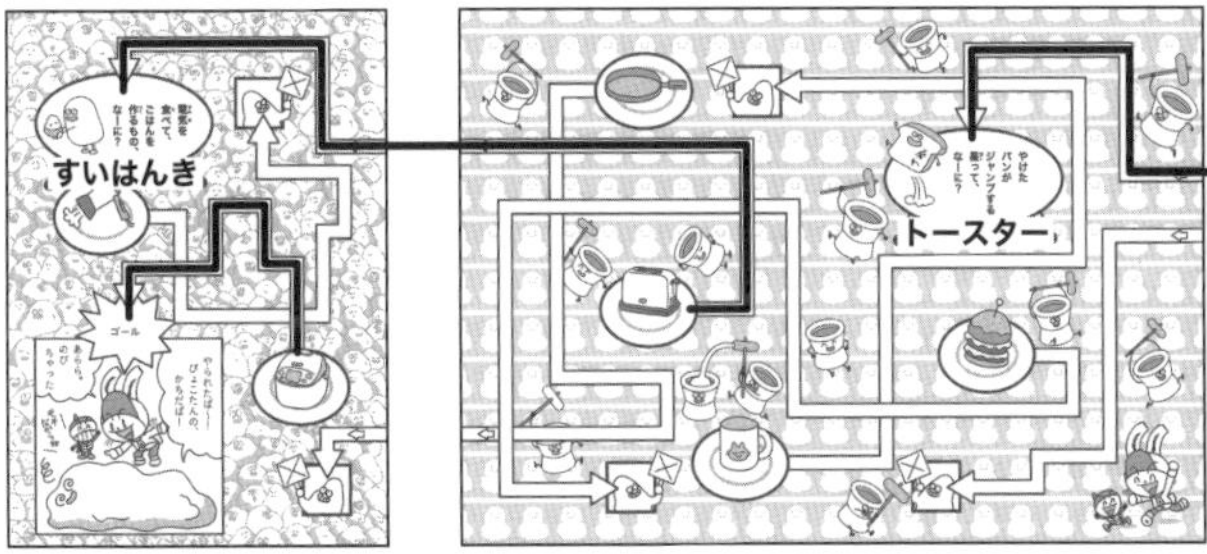
すいはんき
ゴール
トースター

p158

p156・157

❶エビフライ
（ＡＢ《エー ビー》とぶ《フライ》）

❷ハンバーグ
（半《はん》ばぁグー）

❸カレーライス

❹オムライス

❺サンドイッチ
（三《さん》度《ど》一《いち》）

p160・161

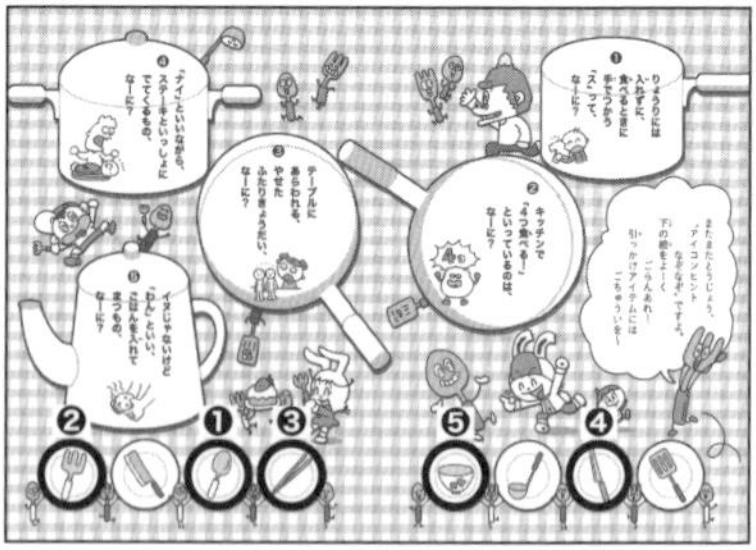

スプーン❶

フォーク❷
（4《フォー》食《く》う）

はし❸

ナイフ❹

ちゃわん❺
（ワン！）

キケン❶

ジャンケン❷

ケンスイ❸

セッケン❹

ケンドウ❺

p174・175

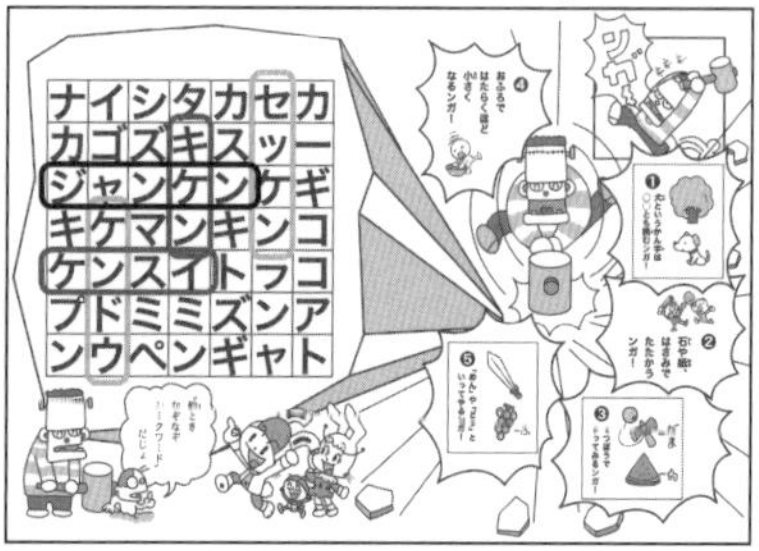

p168・169

❶ふん水《すい》
（フン！）

❷新聞《しんぶん》

❸はさみ
（寒《さむ》い）

❹目《め》ざまし時計《どけい》

p191

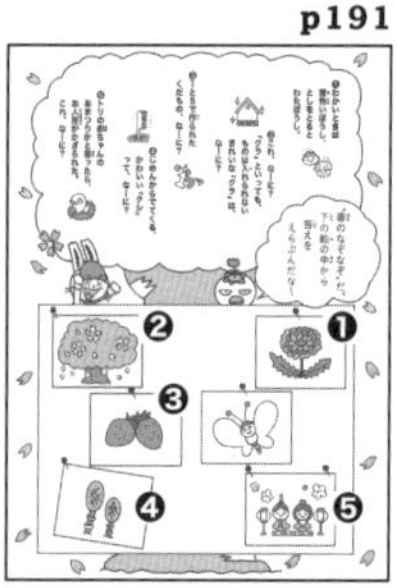

❶タンポポ

❷サクラ

❸イチゴ
（1《いち》5《ご》）

❹ツクシ

❺ひな人形《にんぎょう》

p209・212

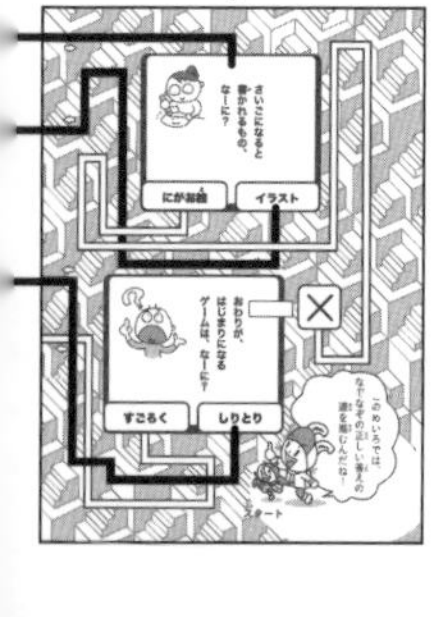

p204・205

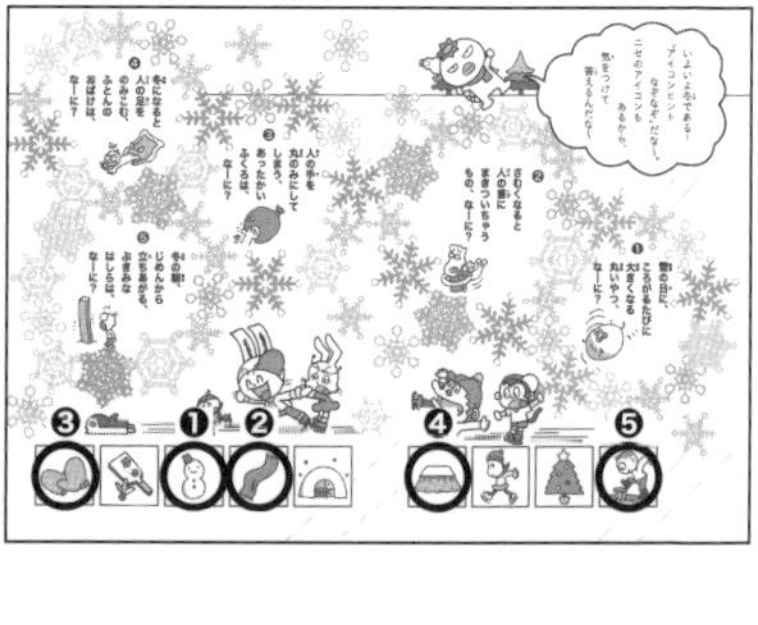

雪《ゆき》だるま❶

マフラー❷

手《て》ぶくろ❸

こたつ❹

しもばしら❺

p163・164

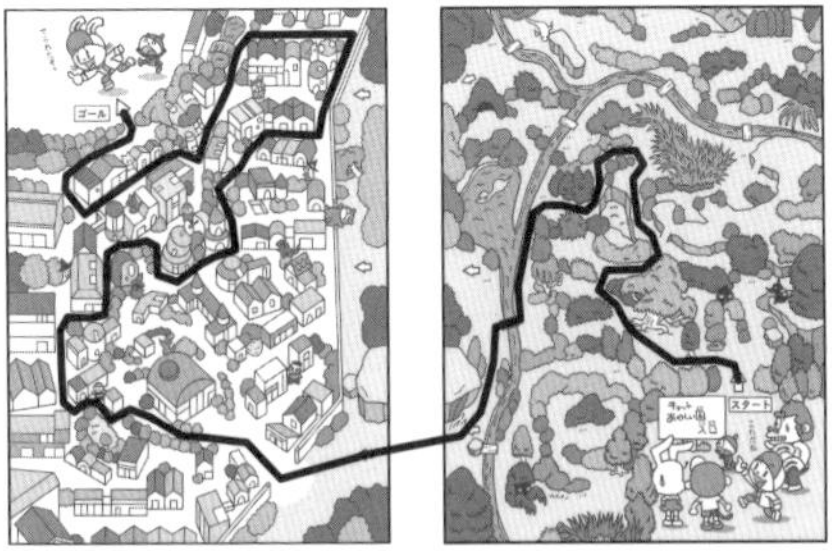

p188・189

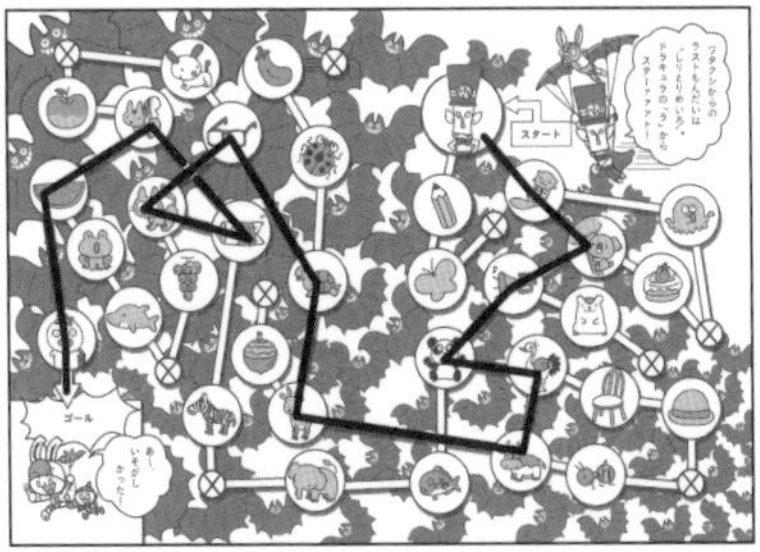

(答《こた》え) あまのがわ

あくび❶
まくら❷
ノート❸
わなげ❹

p182・183

p202・203

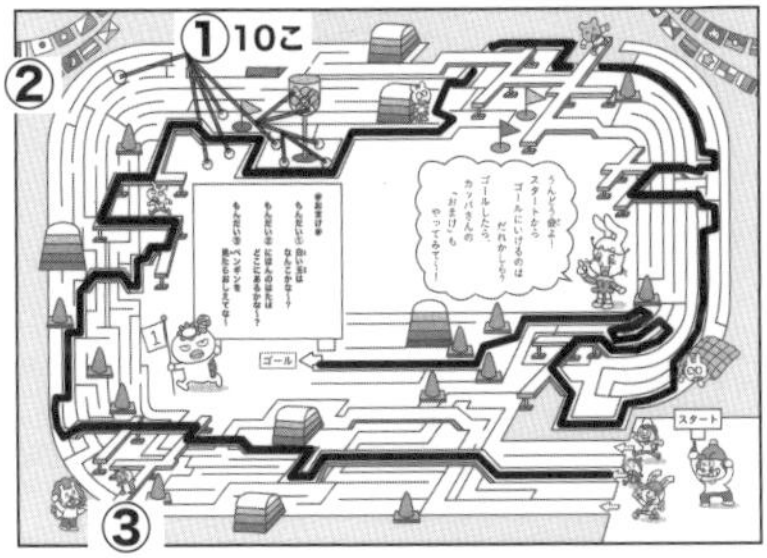

p198・199

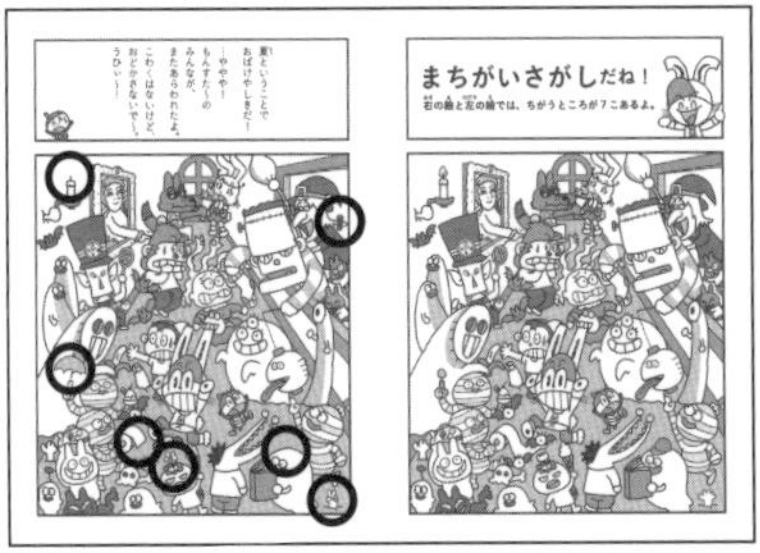

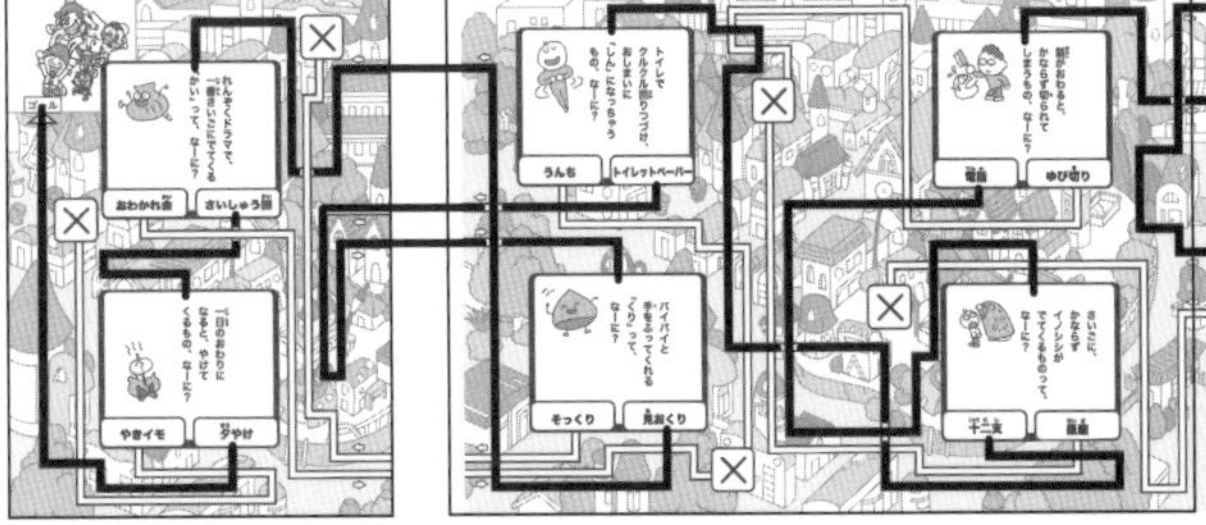

このみ・プラニング

1000万部を超える人気シリーズ「ぴょこたんのあたまのたいそう」の作者・このみひかるの制作を支えるプロダクションとして設立。のちに企画編集に携わり、『ぴょこたんのなぞなぞ1616』『ぴょこたんのめいろ101』『はじめての なぞなぞ　ぴょこたんと あそぼう』（以上、あかね書房）など多数をサポート。現在は、このみひかるの作品や遊び、世界観を継承し、遊びの本の作・制作・編集などを幅広く手がけている。作品に「社会科・大迷路シリーズ」として『日本地理めいろ』（国土社）、『ネバーエンディングめいろ』（小峰書店）、『なぞなぞ名人全百科』（小学館）など作品多数。

ぴょこたんのなぞなぞめいろブック1

すすめ！ ふしぎワールド

このみ・プラニング

イラスト　やなぎみゆき
　　　　　池田千秋
編集協力　ぱぺる舎
　　装幀　鷹觜麻衣子

2015年8月20日　初版発行

発行者　岡本光晴
発行所　株式会社あかね書房
〒101-0065 東京都千代田区西神田3-2-1
電話 03-3263-0641（営業）　03-3263-0644（編集）
印刷所　錦明印刷株式会社
製本所　株式会社ブックアート

ISBN978-4-251-00481-9 NDC798 224p 18cm
http://www.akaneshobo.co.jp